撬动绩效增长的支点
关键行为萃取

挖掘绩优员工的成功因素，促进一般员工的行为改变，有效提升组织整体绩效。

陆志兵　许玲　李雄　著

这是一本有理论、有案例、有技巧，
帮助您快速获得经验萃取和专家访谈能力的书！

光明日报出版社

图书在版编目（CIP）数据

撬动绩效增长的支点：关键行为萃取 / 陆志兵，许玲，李雄著 . -- 北京：光明日报出版社，2020.2
ISBN 978-7-5194-5584-2

Ⅰ.①撬… Ⅱ.①陆…②许…③李… Ⅲ.①企业管理—销售管理—研究 Ⅳ.① F274

中国版本图书馆 CIP 数据核字 (2020) 第 021346 号

撬动绩效增长的支点——关键行为萃取
QIAODONG JIXIAO ZENGZHANG DE ZHIDIAN——GUANJIAN XINGWEI CUIQU

著　者：陆志兵　许玲　李雄	
责任编辑：鲍鹏飞	封面设计：诗雅轩
责任校对：唐　川	责任印制：曹　诤

出版发行：光明日报出版社
地　　址：北京市西城区永安路 106 号，100050
电　　话：010-63139890（咨询），010-63131930（邮购）
传　　真：010-63131930
网　　址：http://book.gmw.cn
E – mail：baopf@gmw.com
法律顾问：北京德恒律师事务所龚柳方律师
印　　刷：北京虎彩文化传播有限公司
装　　订：北京虎彩文化传播有限公司
本书如有破损、缺页、装订错误，请与本社联系调换，电话：010-63131930

开　　本：170mm×240mm	
印　　张：14	字　数：125 千字
版　　次：2020 年 2 月第 1 版	印　次：2022 年 8 月第 2 次印刷
书　　号：ISBN 978-7-5194-5584-2	
定　　价：48.00 元	

版权所有 翻印必究

目 录

第一章 走进关键行为

一、撬动绩效增长的支点：关键行为 ·················· 1
1. 什么是关键行为 ·················· 5
2. 关键行为的两大要素 ·················· 5
二、影响组织绩效的行为因素 ·················· 14
1. 环境信息 ·················· 16
2. 环境资源 ·················· 23
3. 环境刺激 ·················· 34
4. 个人因素 ·················· 40

第二章 认识关键行为萃取

一、什么是萃取，什么是轻萃取，轻萃取的操作流程是怎样的 ···43
二、关键行为萃取的三大关注点 ··················51
1. 以结果为导向：结果是业务专家的依据 ··················51

2. 以行为为目标：访谈的关注点是行为 …………………… 56

3. 有效执行是根本：促进行为发生改变 …………………… 61

第三章 找到关键行为

一、确定选题 ………………………………………………… 69

1. 从业务目标出发 ………………………………………… 69

2. 如何选题 ………………………………………………… 74

二、确定合适的业务专家 …………………………………… 81

1. 熟知与力行"5E" ……………………………………… 82

2. 具备较强的表达能力 …………………………………… 84

3. 激发业务专家的分享动机 ……………………………… 85

三、访谈业务专家 …………………………………………… 86

1. 开始访谈 ………………………………………………… 86

2. 精确聆听 ………………………………………………… 90

3. 结构化提问 ……………………………………………… 102

第四章 促动行为发生改变

一、制订关键举措 …………………………………………… 194

1. 降低改变的难度 ………………………………………… 200

2. 具体而明确的指导 ··· 202

二、持续提供动力 ··· 205

1. 激动人心的目标 ··· 205

2. 针对关键行为的激励 ······································· 208

3. 持续的反馈 ··· 210

第五章 关键行为萃取的常见应用

一、场景一：线下+学习 ······································· 214

二、场景二：线下+工作 ······································· 215

三、场景三：线上+学习 ······································· 216

四、场景四：线上+工作 ······································· 216

第一章 走进关键行为

一、撬动绩效增长的支点：关键行为

无论是在企业经营中还是在非营利组织中，管理者都在想方设法地提升员工绩效，促进企业的健康发展，那么，除了培训赋能、激励政策，还有没有其他更加快速有效的办法呢？

从大量的实践案例中可以看出，一个组织的绩效提升一般都是伴随着某些个体的行为改变而改变的。但是，我们都知道成年人的行为是很难发生改变的，要想让他们已经固化的行为发生改变，要么是通过培训提升认知，由内而外发生主动改变，要么就是通过外在的激励，由外而内引起被动改变。

从培训的角度来看，通过培训赋能提升员工的综合能力，让其由内而外地改变，是一个较为缓慢的过程，而且效果也会因人而异，不可控，也不好评价测量；如果是通过激励政策，让其由外而内改变，需要投入大量的物质资源，看似效果提升，但是投入产出比降低，实际绩效并不一定能得到改善。那么，如果我们能从过往优秀的经验案例中寻找到促使绩效提升的关键行为，从而把这些关键行为普及推广，是不是就能够为企业的绩效带来显著的改善？

事实证明，的确如此：在企业经营中有些关键行为真的可以对企业或个人的绩效提升起到很明显的作用，也就是说，关键行为可以让绩效带来显著的改善。

无论是对企业的发展，还是对组织培训的有效推进，聚焦关键行为都是一件非常重要的利器。从柯式四级评估的鸿沟一例中，我们就可以窥见聚焦关键行为的重要性。

柯氏四级培训评优模型

等级	评估级别	评估方向
一级	反应	学员对培训的感性满意度
二级	学习	学到的知识、技能、态度
三级	行为	认识的形成和工作行为的改进
四级	结果	由培训形成的结果

1959年，柯克帕特里克创立了柯氏四级培训评估模型，被称为世界上应用最广泛的培训评估工具。

柯氏四级评估分为反应层、学习层、行为层和结果层，共四级。一般运用到第一层次和第二层次，如课堂的满意度测评、课堂或者课后的测试等。第三和第四层次的运用存在很大的障碍，因为对于学员的行为改变很难进行测量，也就没有办法看到培训与实际绩效提升之间的关系。从全球的数据来看，第一层与第二层有很明确的正相关关系，第三层与第四层之间也有很明确的正相关关系，但是第二层到第三层看不到明确的相关关系，这就是传统柯式四级评估存在的一个巨大鸿沟。

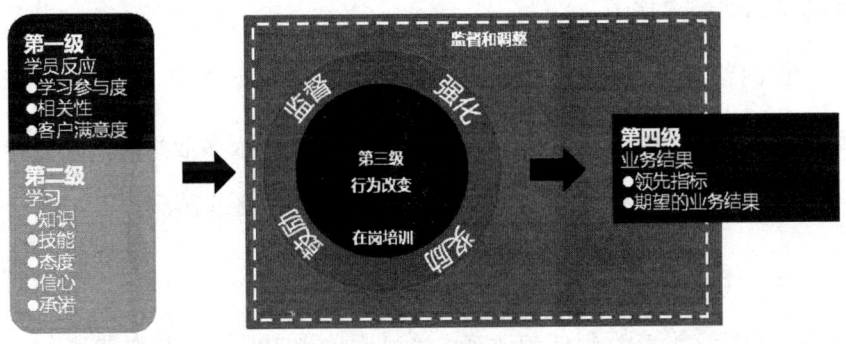

认识到这一点，柯式2007年修订了四级评估模型。

在新的模型中，承认了在一、二级和三、四级之间存在一个"鸿沟"，要想成为一个强大的绩效改进团队的一员，成为完成企业使命的突出贡献者，实施第三级评估是关键一环。但在实际操作中，其价值却被严重低估甚至忽略了。

如何跨越鸿沟

为何第三级行为改变的培训评估如此重要？其原因在于：如果学员不能把所学的知识和技能应用到工作中，不能持续地展现出关键行为的改变，期望的绩效提升将很难实现。所有的这一切都取决于相关的学习活动、激励政策、工作流程及操作步骤强有力的执行。

　　一家连锁家电公司曾在4年内将同一个培训项目重复实施了三次，其目的是为了提高客户对服务的满意度。该公司希望通过这种方式，参训学员能对培训满意（第一级评估），能将所学的知识（第二级评估）应用到工作中，并促成行为改变（第三级评估），最终达成期望的业务结果（第四级评估）。

　　但问题在于，这是一个以课堂学习为主的短期培训，而且在培训结束后，并没有相应的跟进措施或辅导，因此，绝大多数学员回到工作岗位后，仍旧回到参训前的行为方式，培训没有带来任何工作上的行为改变。尽管这家公司每年在这项培训上花费巨资，但在客户给出的服务评分上，没有看到任何改变。这说明培训本身并不足以带来行为上的改变。人们往往习惯于保持原来熟悉的行为方式。要弥补这个培训价值链条上的缺失环节，重要的就是促进学员的行为发生改变，要明确哪些行为最有可能促成期望的业务成果的达成。

　　例如，如果所期望的业务结果是将客户满意度提高10%，我们就可以询问这些经理：在持续稳定的操作下，哪些关键行为会对客户满意率的提高有最大的促进作用？可能的关键行为有：

　　* 客户服务代表坚持不懈地服务于某一特定客户，直到该客户的所有问题都得到了满意的解决。

　　* 客户的询问在一个工作日之内得到回应。

　　* 标价错误在发现后的2小时之内得到及时更正。

* 员工在客户距离他们 3 米的时候就热情地打招呼。

还有一个更加有效的确认关键行为的方法是通过萃取绩优员工的优秀做法：我们可以记录和分析最优秀员工的行为，并将这些行为作为标准用于培训其他的员工，从而促成公司整体业务结果的提升。

1. 什么是关键行为

关键行为是指日常工作和生活中，某些带来重大影响和效益的重要行为动作。比如说领导者的创新能力和战略管理能力。

一般来说，"关键行为"所要达到的目标是通过员工微小的行为改变来达到绩效的提升，对成人学习来说，这些行为必须能够带来足够的利益，也就是能够预见到对绩效产生正面的影响，做了这一个动作，用了这一个方法能够在绩效评价上看到明显的提升。成人的行为改变都是很困难的，如果我们希望发生的改变组织都没有讲清楚，方向不明确、指导不清晰都会成为改变的障碍，因此关键行为不仅仅包括行为本身，还应该包括行为的目标与标准，以及落实的关键举措。

2. 关键行为的两大要素

（1）必须给绩效带来积极明确的影响

某网站为了提升点击率给编辑设定了每个月点击率的目标，编辑为了完成目标，就把每个网页显示的内容减少，本来一个网页就可以显示的内容，故意用几个网页来显示，这样就能帮助他更好地达成每个月的点击率的目标，管理者看结果好像是提升了点击率，但是从长远来看这种做法非常伤害用户的体验，用户要点好几次才能看完本来一个网页就能看完的内容，长期下去用户可能就不会继续关注此网站了。

这样的例子还有很多，正如所谓的"上有政策，下有对策"一样，如果管理者只设定目标，员工很可能通过错误的行为来完成目标，所以管理者只管理目标是不够的，还需要管理员工实现目标的行为。

员工时刻都在发生各种行为，管理者根本没有时间来管理，所以必须聚焦于那些对目标有重大影响的关键行为，就是那些对你希望的结果有重要影响的行为。举个例子，如果你是公司大客户销售部门的经理，为了带领团队完成公司给你们部门定的销售任务，你需要管理大客户销售的其中一个关键行为就是"处理客户异议"。因为只有通过有效地处理客户的异议，你才能推进销售，促进成交，从而完成目标。你没必要管理销售人员填写报销等行为，因为这些行为都无法帮大客户销售实现销售目标。

我们在给一家旅游企业做辅导的过程中发现，有一位大客户经理的业绩是其他人的3倍以上，在对他的访谈过程中发现，其他客户经理在带领客户体验完景区、餐饮和酒店后，会在两三天后再与客户联系签订合同，而这位客户经理是将合同随身携带，在完成体验后，直接在酒店一楼西餐区与客户洽谈，争取直接成交，这个动作就是在这个业务场景中的关键行为。

销售人员成交一个客户的过程是漫长的,会产生大量的行为和动作,我们不可能对全流程的行为进行管控。我们知道这个客户经理的业绩高,但是这个结果并不能给我们任何帮助,我们需要找到达成这个结果的原因,也就是关键行为。

结果可以告诉你是否完成了目标,而行为却可以告诉你怎样做才能完成目标。结果并不能改变什么,而行为在很大程度上是由你自己来把握的。举例来说,你无法控制你的车多长时间出一次故障,这是一个结果,但是你绝对可以控制多长时间进行一次保养,这就是一个行为。你在行为上做得越好,就越能避免汽车出现故障。

行为有两个显著的特征,第一,行为具有可预见性。这意味着一旦某个行为发行了变化,你就可以根据这个结果推断出会有什么变化。第二,行为是可控的。它可以被你的团队影响,这意味着,你们可以靠自己的力量促使结果发生变化。

假设现在最重要的目标是"2019年12月31日前将水稻的产量从3000吨提高到3500吨"。这个从3000吨到3500吨就是你的结果。我们都知道,降水量对水稻的收成影响很大,可以用来预测水稻的产量,那么,降水量算是我们所说的行为吗?当然不是,因为你无法通过改变天气,等到你想要的降水量。降水量具有预见性,但是这个指标是不可控的,而这两个特征同样重要,所以降水量不能算是我们所说的行为,然而,施肥次数同时符合这两个特征,所以可以算作是行为指标。那如果我们的目标是"在9月30日前将体重从180斤减到150斤",

行为指标是什么？对了，控制饮食与运动。

我们在生活的方方面面都可以看到这种现象：销售经理只关心销售总额、客服经理只关心客户满意度、家长只关心孩子们的考试成绩、减肥的人只关心体重数字，然而，在大多数情况下，这种只关心结果的做法只会带来失败。

但是几乎所有管理者都这么做，这有两个原因。第一，结果是直接衡量成功与否的指标，也是必须达到的指标。第二，相比行为，结果的数据往往更容易获得，也更加直观。站在体重秤上称一下体重很容易，计算两天摄入消耗了多少大卡能量可就难了。行为的数据往往难以获得，但是坚持去获取它们才会带来真正的效益。

光是明白节制饮食和运动的重要性，与真正去计算自己每天摄入了多少能量，燃烧了多少能量，这两者的区别还是很大的。每个人都知道，减肥应该节制饮食增加运动，但是有多少人能够坚持每天记录自己摄入和消耗的能量呢？但最终能减肥成功的也就是这些人了。

最后，我们必须要说，正是那引起行为的数据改变了最终结果，使你能够弥补理想和现实之间的鸿沟。没有这些行为的话，你就只会去反复折腾那些结果，那样将很难成功。

管理学大师爱德华兹·戴明对此内涵的解释尤为精辟，他对那些公司高管们说："只靠财务数据（结果）去管理一家公司，就像单独依靠后视镜开车一样难以成功。"

行为还可以缓解专注于结果可能带来的惊讶。你可以想象这样一幅画面：你和你的团队正在努力为提高客户满意度服务，这是你们最重要的业绩指标和奖金依据。最新的客户满意度打分表就在你的收件箱里，就像我们一个客户所说的那样，你看到打分表后的反应不外乎两种，一种是"哦！好酷"，另一种就是"哦！天呐！不……"但是不论哪种反应，你都不会再有机会去改变结果。这个客户同时总结道："如果在你的事业中运气占了很大比重，那就说明你关注的仅仅是结果。"

相反，假设你一直在跟踪两个有关客户满意度的行为，而且在过去的三周里，你和你的团队在这些指标上做得都很好的话。你觉得当一封最新的客户满意度调查表到来时，你的工作会受到多大影响呢？显然，这样一步一个脚印，就好像你天天都记录摄入消耗的能量一样，当站到体重秤上的时候，自然能够估计出体重（结果）会有多大的变化。

（2）个体行为必须能够在组织中进行复制与推广

希思兄弟（美国）在《瞬变》中给我们讲述了这样一个案例：

"学校糟糕透了！"美国九年级学生博比在接受第一次校内心理咨询时这样说。学校心理辅导老师约翰·墨菲（John J.Murphy）对博比的出现感到很惊讶。

好几位老师忍受不了博比的不良行为，要求他接受心理辅导。博比经常迟到，几乎不做作业，在课堂上捣乱，有时候还在走廊上大声威胁其他学生。

博比的家庭生活也是一团糟。博比不断往返于寄养家庭和问题儿童特殊教育机构，博比父子俩也等着接受家庭咨询，肯塔基州卡温顿市当地的社会服务机构也特别关注博比。就在接受墨菲老师的辅导期间，他还面临被送往另一所特殊教育机构的危险，因为他在学校的表现着实恶劣。

面对博比的糟糕情况，身为辅导老师的墨菲几乎无能为力。他不可能改变博比的家庭生活环境，而且时间也不容许。他跟博比的谈话只能零散进行，今天聊一个小时，改天再聊一个小时。博比表现好，墨菲没法奖励他；博比表现差，墨菲也没机会处罚他。（处罚其实也没什么用——博比经常还不到10点钟就因为不守规矩被请到校长室去受罚了，但他的行为从来没有改变。）

墨菲忽略了对博比的评价，而是先跟他聊天，并且问了一连串不寻常的问题。墨菲和博比之间为数不多的对话由此开始。

现在，我们先快进到3个月后看看：事情不但有了起色，而且是大为改观。博比被叫到校长室的频率减少了80%。当然，博比并没有变成模范学生，但行为改善幅度已经让社会服务机构打消了送他去特殊教育机构的念头。博比的不良行为逐渐减少，这种改变只是因为跟辅导老师谈过几个小时而已。

那么，墨菲和博比到底谈了些什么呢？

现在，我们回过头来看问题学生博比的案例。我们已经做好准备，可以开始了解博比的惊人转变。下面是博比和墨菲在某次心理咨询时的简短会话，请注意辅导老师墨菲如何提出"特例问题"：

墨菲：跟我说说你在学校不怎么惹事的时候吧。

博比：我从来不会，哦，是不怎么会，在史密斯老师的课上。

墨菲：史密斯老师的课有什么不一样？

博比：我不知道，她人比较好。我们相处得也很好。

墨菲：她做了什么比较好的事？

墨菲并不满足于博比含糊的结论——史密斯老师"人比较好"。他接着往下追问，直到博比讲出几条史密斯老师帮助自己守规矩的具体原因。比如，史密斯老师总是在博比走进教室时，立刻跟他打招呼（可想而知，其他老师都避之唯恐不及）；史密斯老师给博比布置的作业相对简单，她知道博比的能力有限（博比有学习障碍）；史密斯老师每次在课堂中分配任务后，总是会跟博比沟通，确保他能领会有关课堂任务要求。

史密斯老师的课就是绩优的结果。我们知道，找出关键行为后，你就可以复制关键行为，推广经验。墨菲把史密斯老师的课当作范本，把如下几条跟博比打交道的实用技巧告诉其他老师：博比进门时跟他打招呼，确保博比的作业难度适宜，确保博比理解课堂任务要求。

墨菲并没有追根究底做考古工作。他没有费心挖掘博比处境艰难的童年，也没有试图寻找博比愤怒和任性的根源。在墨菲看来，那些信息都如同斯特宁说的"全是正确的废话"。其实，头脑里很容易就浮现出吹毛求疵的反对声：史密斯老师就是人比较好；或者史密斯老师的课比较简单；又或者，其他老师不应该为了一个问题学生就改变教学方式。相反，墨菲找到了关键行为，并相信关键行为。

收到墨菲给出的明确指点后，博比的老师都很高兴，也乐意试着去遵照执行。墨菲还要求老师追踪成效，并记录博比在三方面的表现：第一，准时上课；第二，完成课堂任务情况；第三，课堂表现是否过关。前面已经提到，3个月后，博比因为违反纪律而被叫到校长室的次数减少了80%。通过任课老师记下的表现评估情况，也可以看出博比的日常行为有了长足进步。接受焦点解决治疗之前，每天6堂课，博比只有1~2堂课表现过关；接受焦点解决治疗之后，博比每天有4~5堂课表现过关。博比还算不上模范三好生，但已经进步了很多。

在这个案例中，改变相当微小（给刚进门的博比打招呼），却对大问题产生大影响。问题的规模和解决办法的规模全然不成比例：问题大、办法小。我们在分析问题时，总是寻求规模与其一致的解决方案，如果遇到坑洞，就会想填平坑洞，这种思维方式并不正确。针对问题学生博比的情况，老师和校方私下里都已经分析得很清楚，认为一切都太糟糕：家庭破碎、存在学习障碍、个性冲动妄为、难以驾驭。不论由谁来分析博比的情况，大概都会寻求细致而又复杂的方案，才能应对细致而又复杂的问题。但除了心理辅导老师墨菲，没有人想过："现在怎么做最有用？"寻找关键行为，也就是在问："怎么做才有用？怎样才能多做一些？"听起来很简单，不是吗？不幸的是，现实工作中，很少有人会提出这么浅显的问题，我们反而会把更多注意力放在问题本身："哪里出了问题？怎样才能解决问题？"

但在寻求改变的时候，我们不应该聚焦问题，而应该聚焦对策。如果你是管理人员，不妨问问自己："我花在解决负面问题上的时间，和分析成功案例上的时间，两者比例是多少？"我们必须把分析负面问题的考古式方法，转变为寻求关键行为、传播关键行为的解决思路。

人们对现状感到稳定舒适，是因为多数选择都已被挤出我们现在的生活。你已经形成了自己的一套每日例行公事，也形成了处理事情的既定办法。但在面对改变的时候，选项骤增，原来的习惯变成了陌生粗疏的决定。节食减肥，意味着不能再每天定时享受食物的美味，该吃什么就面临重新选择。

改变带来的一连串选择会造成新的不确定性，如果指向不明会让员工感到疲惫不堪。如果不能确定新的行为在哪里，员工就会坚持走回原路，走回最为熟悉的老路。因此方向不明是行为改变的大敌，想要促进员工行为成功改变，就必须把模糊不清的目标转化为具体实在的行为，也就是说行为改变需要制订出关键步骤和举措。就是要把个体的自发性行为上升为组织的自觉行为，对员工的工作做出明确而具体的指导。

组织绩效的提升依靠的一定是组织的行为，组织的行为标准或者方法并不都是靠顶层设计的。在大量的企业实践中发现，基层员工的微创新是组织行为标准的重要来源之一，我们国家农村改革的重要标志是"实行家庭联产承包责任制"，这就是来自安徽农民的创造。如果这些行为与方法仅仅停留在个体层面，对于组织而言是巨大的浪费，我们要做的就是将这些个体的行为挖掘出来，通过经验的萃取与再实践，上升为组织的标准与方法，再一步一步地向下实施，以达到提升组织绩效的目标。

二、影响组织绩效的行为因素

组织绩效是由个人绩效组成的，也受个体行为的影响，大多数管理者都认为个人绩效的提升主要是通过提升个人的能力，提高激励，如组织培训、实战赋能等。从组织绩效的角度来讲，这个认知是不正确的，对组织绩效产生重要影响的并不是个体能力，而是组织环境，是组织将个体的行为进行萃取后不断沉淀，再实践再优化后，变成了组织的行为，进而改进了组织的绩效。因此我们需要知道哪些关键行为是与组织环境有关的，会成为影响组织绩效的重要因素。

BEM 行为工程模型

1978 年吉尔伯特出版了 *Human Competence: Engineering Worthy Performance* 一书，成为美国管理学的经典著作，至今在管理学领域都有着极大的影响。书中吉尔伯特提出了"行为工程模型"（Behavioral Engineering Model，简称"BEM"模型）。吉尔伯特引领我们不再局限于培训，而是采取一种缜密的并且以观察为基准的方式来提升绩效。他的行为工程模型促使我们看到帮助提升绩效的各种因素。这个模型主要用来改善员工的工作环境而非员工本身。

BEM 行为工程模型

刺激	反应	结果
模块一：环境信息	模块二：环境资源	模块三：环境刺激
* 描述绩效的期望 * 关于怎样做工作的清楚和相关的指导 * 对于绩效是否足够的相关连续的反馈	* 为满足绩效需求计划的工具、资源、时间 * 接触领导者的渠道 * 充分的人力资源 * 有组织的工作过程	* 依照绩效而定的足够的金钱刺激 * 非金钱刺激 * 职业发展机遇 * 绩效过差产生的明确的后果
模块四：个人知识	模块五：个人能力	模块六：个人动机
* 系统化设计的培训来培养杰出的工作人员 * 培训的机会	* 人与职位的匹配 * 好的选择过程 * 灵活的计划来符合员工的最大能力 * 虚拟的或可见的帮助来增强能力	* 认识到员工为可获得的利益刺激而工作的意愿 * 对员工动机的评价 * 招收新成员来满足工作条件的现实情况

表格上部分的三个模块——信息、资源、刺激——代表了影响绩效的环境因素。当这些支持的因素被提供后，员工就能够表现出非常杰出的水平。但是，当这些支持因素没有被提供的时候，即使员工接受专业的培训，表现也难以达到预期的水准。

吉尔伯特阐明缺乏工作环境中的绩效支持因素是员工展现杰出表现的最大阻挠。辨认阻碍绩效提升的方案，本质上就是要查找缺失的支持因素。

吉尔伯特相信获得绩效提升通常可以只通过环境支持因素，而传统的管理者和人力资源专家假定是个人而非环境需"修正"。而根据吉尔伯特给出的结论，在所有影响绩效的因素中，第一层环境信息为35%，第二层环境资源为26%，第三层环境刺激为14%，第四层个人知识为11%，第五层个人能力为8%，最后一层个人动机仅为6%。

1. 环境信息

你有多长时间没有给你的员工讲过企业愿景了？你是不是长期使用评价的方法来代替具体的指导？员工出现了问题，做得最多的是罚钱；做得好就发钱，而缺少具体行为上的指导。你多长时间与你的员工进行一次绩效反馈？一周、一个月还是一年？这些都是影响员工绩效提升的重要因素。

愿景与目标

我们每个人的内心其实都是可以被激发的，在历史上有太多这样的故事，为了同一个目标和愿景而奋斗。许多创业公司的经历也告诉我们，初创企业的愿景与目标是激励伙伴一同努力的不竭动力，当企业上市，高管实现财务自由往往要经历一个巨大的阵痛，因为这个团队的目标出现了分化。

在环境因素中，信息传递对员工绩效的影响是决定性的，因此我们会看到大量的企业会描绘企业愿景，会向员工传递企业愿景，并将这些愿景通过数字化的手段展现出来。我是樊登读书会的忠实会员，樊登老师说他们自己的企业愿景是"每年带3亿人读50本书"，并将会员数量做成了一个影响指数展示在公司内部。如果我作为一名员工，每天看到这个指数的增长，一定会为自己的工作感到自豪。我们都知道每年的"双11"，淘宝有一个巨大的屏幕，展示当天每一分每一秒的成交信息，这些数据都会让每一位参与的员工感到荣耀。这就是信息传递的重要性。

对于大量的中小企业来讲，我们可能并没有如此高大上的组织愿景，在日常的员工绩效改进中，将公司信息或者意志有效地传递出去依然是一个极其重要的工作，但是非常可惜的是，这一点常常被忽视了。很多企业会将销售业绩不理想归结为员工能力不到位，于是花了大量资源提升员工的销售技巧与话术，结果并没有带来绩效的明显提升。

2018年，某企业一家区域分公司看到自家某产品的销量只有该大区各营销单元平均销量的20%，便准备在国庆后开展一次针对渠道商的销售技能培训，希望能够在短期内提升销量。在培训调研期间，我们走访了部分渠道合作商，发现大部分渠道商并没有理解为什么要做这个产品，也不知道做这个产品的收益，从渠道商的角度来讲，根本没有意愿向客户销售这个产品。而这两个信息应该在三个月前就传递到渠道合作商。

根据这样的调研结果，我们首先做的是带这些渠道合作商去其他先进单元进行交流，拿出其他渠道合作商的收益表实例进行培训，首先要解决的依然是信息传递不到位的问题。

还有一种现象更为可怕，就是刻意地忽视。在这个项目开展过程中，我们也发现了一个很有意思的现象。渠道管理人员告诉我们，他们有一个渠道合作商每次的新产品销售都非常好，而且几乎所有的员工都能积极地根据公司的要求开展销售。在走访中我们发现，这个渠道商的行为与其他人在培训上有着很大的区别，他会将这个产品的意义、为什么要这样做讲给一线的员工听，再加上明确的指导，所以员工的行为才能出现较高的一致性。我们在大量的企业中发现，很多企业对于产品的设计与理念是不会传达到一线的，有时这种不传达是刻意的，因为觉得对于基层员工来讲这些可能不重要，这种现象在大企业的基层单位中更为明显。如果能将这位渠道商的行为变为公司的标准动作，对于绩效的改善是有很大帮助的。

相关的指导

给华为起草《华为基本法》的包政教授在一次讲课中，向我们形象地描述了日本公司是如何向下属部署任务的。其中最有趣的部分是："日本的大公司规定，管理者给员工部署任务时，至少要说五遍。"具体情况如下：

第一遍，管理者："渡边君，麻烦你帮我做一件××事。"渡边君："是！"转身要走。

第二遍，管理者："别着急，回来。麻烦你重复一遍。"渡边君："你是让我去做××事对吗？这次我可以走了吗？"

第三遍，管理者："你觉得我让你做这事的目的是什么？"渡边君："你让我做这事的目的大概是咱们这次能够顺利地开展培训，这次我可以走了吗？"

第四遍，管理者："别着急，你觉得做这件事会遇到什么意外？遇到什么情况你要向我汇报，遇到什么情况你可以自己做决定？"渡边君："这件事大概有这么几种情况……如果遇到A情况我向您汇报，如果遇到B情况我自己做决定。您看可以吗？"

最后一遍，管理者："如果让你自己做这个事，你有什么更好的想法和建议吗？"渡边君："如果让我自己做，我可以在某个环节……"

五遍讲完，员工现在对各种突发情况、场景都有预案了，再去执行，这叫作对如何做工作有明确、清晰和相关的指导，而不是放任自流。现在很多企业对于工作指导是比较重视的，开发了大量的手册、工具表单、销售工具或者话术来帮助员工建立规范的行为。我们看到某零售企业的客户外呼邀约指导中，明确写到必须要添加客户微信。可能大部分企业会认为指导到这一步就结束了，令人意外的是，关于加微信这个动作的指导远不止这些，这个指导是这样的：

第一句话：给客户一个加微信的理由，比如可以给您推送线下体验店的地址，或者如果客户有需要及使用过程中有疑问可以直接微信了解。

第二句话：问客户的微信号是否是拨打的本机号码。

第三句话：如果客户回答不是本机号码，问客户的微信号是什么号码，并记录；如果是本机号，直接跳到第四句话。

第四句话：用另一部手机（注意：外呼时需要准备两台手机，另一台手机要求打开微信界面）查找用户的微信名，并与用户在电话中确认。

第五句话：提醒客户我已经加了您的微信，请客户挂完电话后记得通过一下。

然后在每一句话后面都配上正确的示范和错误的示范，这些指导都来自对一线员工的行为萃取，经过整理就变成了公司的组织行为标准。在建立组织行为标准的同时，必须告诉员工需要达到的绩效目标，如你需要在100个客户中，加微的比例达到60%还是80%，这样就能带来组织绩效的提升。高星级旅游饭店行业的服务为什么做得好，就是通过制订每个岗位的各个场景的SOP手册来指导员工的行为。

如果你认为我把这个标准制订出来就万事大吉了，那你就大错特错了。我们不止一次地说道，成人的行为改变是极为困难的事情，你还需要根据这些标准、方法制订出一系列的关键举措、跟踪与反馈的机制、培训的方法、如何进行考核与激励，员工的行为才有可能发生改变。

我们在跟踪这家零售企业执行"加微信"的效果中发现，只有少数外呼人员加微信的数量有了显著提高，但是大部分员工的数量并没有太大的变化。有少数人的绩效有提高说明这个方法是正确的，关键行为也是有效的。大多数人的绩效没有提高可能是培训不到位，也可能是意愿性不高，或者有些员工的接受能力比较差，指导还不够明确，需要通过连续的反馈进行进一步的指导。

连续的反馈

我们很多人都会有这样的经历，当我们去一个陌生的地方自驾游，在往返的过程中，总是会觉得回来的时间比去的时间要短一些，当然这只是你的错觉，实际上来讲不会有太大的区别，这里面的主要影响因素是心理反馈。因为当我们回程时，我们对于下一个阶段的目的地是有比较清晰的认知的，感觉心理路程要近一些（与去程相比）。我个人的经历也能够证明这一点，我是一名跑步爱好者，每次跑熟悉的线路能够坚持的时间总比陌生线路的时间要长一些，而且跑陌生线路时总感觉跑了好长时间，遇到困难会更早地放弃，而对于熟悉的线路，总是会给自己制订下一个目标，然后再下一个目标，直到终点。因此在组织行为中，员工的绩效反馈是必不可少的一个环节。

我有一个朋友是一家零售行业的店长，2017年有一段时间业绩排名总是靠后，请我去给他想想办法。我让他给我提供了半年的销售数据，然后到店对营业人员进行访谈，发现员工对于销售数据并不敏感，他们的销售数据是每月出工资时才会给员工看，对于零售行为来讲，这样的反馈频率是远远不够的。我给他的建议只有一个，将销售数据每天通报一次，并针对绩效落后的员工给予明确的销售指导，只用了三个月的时间，他就从落后到top3。

反馈是对绩效影响很大，却又是最容易被我们忽略的一项。"我讲一千遍了，你为什么不会？"这是老师最常说的一句话。老师总是"理所当然"地认为自己讲过多次、强调过多遍的内容，学生也应"理所当然"地理解、掌握并灵活应用。每次考完，看到学生的成绩才恍然大悟，原来他们是"脑子笨""朽木不可雕也"。其实更应该反思的是老师，这是典型的教学反馈落后现象，教学中老师必须时刻知道孩子此刻在哪儿，了解学生真实的学习情况，并给予及时有效的反馈，才能避免上述情况的发生。有这么一个教育案例：罗西和亨利把一个班的学生分为三组，每天学习后就测验。主试对第一组学习的结果每天都告诉学生，对第二组学生只是每周告诉他们一次，而对第三组，则一次也不告诉。如此进行了8周教学。然后改变做法，第一组与第三组对调，第二组不变，也同样进行了8周教学。结果除第二组稳步地前进，继续有常态的进度外，第一组与第三组的情况大为转变：第一组的学习成绩逐步下降，而第三组的成绩则突然上升。

上面的实验证明，在学习活动中，有反馈（知道学习之后的测验成绩）与没有反馈（不知道测验的成绩）相比，后者学习效果要好得多。而且，即时反馈（天天知道测验成绩）比远时反馈（测验成绩要一周之后才知道）所产生的效果（激励作用）更大，反馈不仅能提高学习者的动机水平，而且还增强了学习者自我效能感，使其更乐于学习，有着更强的学习信心。其实对于企业来说也是这样的，领导要知道员工现在工作的情况，及时给予反馈，才能使工作和绩效的结果更好。

连续的反馈最重要的是数据的采集与积累，如果你工作有标准，但是这个数据无法采集，没有办法去做反馈，那这个标准就是无效的。我们都知道在销售过程中，如果你可以多问用户几个问题，一定会对成交有帮助，但是这个没有办法采集，你提出再怎么明确的标准也无法督促销售人员改变他原有的行为。因此在订标准时，你一定要考虑清楚这个数据如何采集、如何反馈。下面是我自己的亲身经验。

很多年前，我刚参加工作，那时候装电话还需要很长时间，我的领导交给我一个任务，看能不能将装机时间从两个半月压缩到15天之内。这个事情现在来看其实并不复杂，原来装机有两个比较重要的阶段，一个是查勘，就是看这个地方能不能装；另外一个是装机，在查勘阶段是没有电子工单的，工单的流转完全失控，也没有提出标准，而真正装机的阶段只需要一周，几乎所有的时间都花费在查勘上了。我所做的工作也很简单，在查勘环节先做人工登记形成工单，规定在一周内完成，结果只用了一半的时间就完成了这个任务。但是如果没有数据支撑是没有办法做到的。

2. 环境资源

人与其他动物的一个显著区别是我们会使用工具。现代社会是一个分工合作的时代，我们不太可能像原始社会那样一个人去单打独斗，而从人类进化来看，那些单打独斗的基因应该没有可能遗传下来。你在领导面前领到一个新的任务,一定会问这些问题:"那给我几个人?有没有经费?要什么时间完成?"这些都是资源,没有资源寸步难行。

必要的资源工具与时间

完成一项工作,配备必要的工具资源与工具是必需的,你现在不太可能让员工还用算盘去计算,而不给他配备一台电脑;要打通一个大客户,可能会动用公司领导的关系,这也是必要的人脉资源,当然,时间也是必需的。那什么是必要的?这个是没有办法来严格定义的,只能从实践中去找,从成功案例中去萃取,有没有人能用更少的资源、时间来完成同样的工作,他是怎么做的?

我们现在有一个误区,一提到资源或者方法就会联想到系统,有一个好的系统当然能够解决问题,但是并不是每一个企业都愿意投入大量资源去建立一个系统的。

前面讲的"加微信"这个案例,要持续提升绩效,就必须给外呼人员做连续的反馈,也就是听录音。这个方法在集团各分公司应用时,就出现了两种情况:一种是省级公司资源丰富,很早就建立了外呼系统,所有的外呼通过系统拨出,录音自动完成,只需在系统里调出录音就可以完成这个反馈。另外一种是省级公司没有建立外呼系统,在培训中我们就发现有些消极的声音是"这个事情我们没办法做,人家都有外呼系统,能调录音,我们没有,这活怎么干?"但是真的没办法干吗?在实际应用过程中,我们发现有很多种方法不需要系统就能完成,比如你如果用手机拨打，手机本身可以录音；如果你用电话拨打，可以去淘宝买一部录音电话，也就一百多块钱；实在不行，你还可以用免提，然后拿一部手机在边上录音。总之如果想做成一件事情，总是有办法可想的。那在这个案例中必要的资源指的是什么呢？电话、手机这些通信工具一定是必要的，还有就是用户的数据也是必要的资源，这个往往是我们容易忽略的，随着人工智能的发展，数据作为资源的重要性越来越被大家认识到。

我们再强调一下，这里所讲的资源与工具是必备的资源，当然如果有海量的资源是一定能够提高绩效的，那就不需要关注绩优员工的行为了，因为绩优的原因只有一条，就是给更多的资源，我们要的就是在有限的资源下，通过挖掘与复制绩优员工的行为，达到组织绩效的提升。

对于基层来讲，是一个流程更重要还是一个工具更重要？可能会有不同的答案，但是如果是一个步骤类的工作方法，在执行的过程中一定没有一个具体的简单工具更容易落地。我们很多人，包括很多管理都喜欢做一些流程步骤类的方法去一线推广，但是效果往往不太好，或者需要很长时间才能看到绩效的提升，原因依然在于行为改变的障碍，面对一系列复杂的行为需要做出改变，换成我可能也会打退堂鼓。我们在发掘员工的行为时，需要重点关注在行为过程中有没有使用什么简单的工具，这些工具可能是一个文档、一系列的表格、一个APP或者一个系统，这些都是软工具；还有一些比如开发的操作仪器之类的硬工具。

在给一家新零售企业做课程开发中发现一个非常有趣的现象，他们需要下乡去做推广，推广的同时要在一些主干道的墙面上张贴一些宣传。由于恶性竞争，其他的同类型企业也会做这样的事情，往往前一天去贴的内容，第二天可能就会被竞争对手撕了。有一个地推团队很好地解决了这个问题，就是使用了一个小小的工具。他们首先想到的是把宣传画面贴到2.5米以上，大部分人徒手是够不到这个高度的，那怎么贴这么高呢？你可能想到用梯子、板凳，都不是。因为在下乡过程中是要徒步的，不可能带着这么重的东西，他们的解决办法就是两根竹竿，竹竿前端绑两个木片就解决了。这既是一个工具的使用案例，也是一个在没有资源的情况下如何有效开展工作的案例。对于工具的使用，人民群众的力量和思想是无穷的，不信的话你可以去看看抖音。

我家距离公司比较近，步行大约需要25分钟，我上班就是以步行为主，但是如果下雨就会开车，其实那时候开车也会比较堵，因为要路过一个小学，因此我其实是不愿意开车的，后来一个偶然的发现让我解决了这个纠结的问题，就是坐公交车。我原来不喜欢坐公交车，最大的原因是不知道车什么时候到、有没有堵在路上，不愿意等。其实这个不愿意等，最大的原因是时间不能够确定，不知道要等多长时间，所以虽然公交站台就在小区门口20米远的地方，我也基本上是不坐的。后来安装了一个APP，这个APP可以实时看到公交车的到站情况，就可以大约估算出来公交车的到站时间，我只要提前两三分钟出门就可以了。至于软工具，现在生活中用到的大量APP都是软工具，比如你现在一定会经常使用地图类的APP，你的认路水平或者看地图的水平没有提高，但是你找到目的地的绩效提高了，这就是工具带来的作用。如果你经常坐飞机，一定经常使用"飞常准""航旅纵横"之类的APP，虽然航班的准点率不一定提高了，但是你的行程安排可以更加的从容。

王海是一家大型集团公司的县域公司负责人，主要负责销售云产品，业绩优秀。在一次集团公司组织的案例分享会上，王海分享了他自己对制造类企业上"云"的过程。在听分享的过程中，我发现很多他们企业内部的人并没有认真听，因为与他们的行为过程是差不多的，就是如何接洽客户、如何递交方案、如何促进成交之类的，并没有什么新鲜的。分享结束后，我找他聊了一下，发现整个过程与其他人确实没有太大的差异，但是有两个细节点他都一带而过了：一个是他在递交方案前，利用了集团提供的一个云产品方案库，这是一个工具包，但是其他同事是不知道的；另外一个更加关键，他们通过"云"帮该公司解决了一个技术问题，这个技术问题是这类企业必须要解决的，前面都没有解决过，而且这个技术方案对于同类型的企业来讲可以进行复制。

你看，这两个是不是都是工具，如果要去落实需要人督促吗？一定不需要的。

时间是重要的资源之一，对每个人都是公平的，只是看你怎么用。我们在关键行为萃取时要关注的是，这个行为绩优者需要多长时间来完成，我们需要了解清楚。我们在制订任何目标或者行为准则时，如果涉及时间因素，那是一定要有一个标准的。比如，在很多服务案例中都会提到接电话的时间问题，如果要让客户的感觉比较好，必须在电话铃响三声之内接起电话，这就是行为的时间要求。当然作为工作来讲，我们就是要看绩优者是否能在更少的时间内完成更多的工作。

现在企业对于信息传递或者培训的时间要求越来越高，我听说过一家企业要求一个新产品的落地在 36 小时内传达到每一位员工，包括产品知识与销售的路径话术，这在以前来讲是不可能的，但是现在利用一些新的工具和方法是完全有可能做到的，我们可以直播、可以线上测度，还可以线上一对一指导，完成的时间甚至可以更短，这里面变化的就是行为。

资源、工具和时间是相互影响的，我们要强调的是，在必要的资源支撑下，我们要关注的就是有没有更好的方法，能不能找到更合理的工具来帮助绩效提升。

充分的人力资源

什么是充分？最少就是得有一个人，就是你自己。我没有发现一个企业或者一个组织觉得自己人多的，总是觉得人少事多，因此完全充分是谈不上的，只能是相对充分。"人多有人多的干法，人少有人少的干法。"说的就是这个，我们需要的就是在人少的情况下，在人力资源可能没那么充分的情况下，或者说是在人力资源没有改变的情况下，如何提升绩效。

我个人认为组织的人力资源管理最好的学习对象就是美职篮，如果你对美职篮稍微有点了解就知道每个球队是有工资帽的，你是不能无限制地利用资本资源来打造一支无敌战队的，超过工资帽要缴高额的奢侈税。因此就需要将资金用在刀刃上，如何在有限的资金下将团队的力量发挥到最大是很考验球队经理的，这也是一些球队经理的价值所在。当然美职篮的运作机制很复杂，正是在这样一套机制下，你才有机会将对你来说可能作用不大的球员去交换一些对你更有用，但是对别人可能作用不大的球员，也就是经济学上讲的"不对称交换"。因此，从人力资源配置上来讲，并不是越多越好，而是越有效越好，"三个和尚没水吃"说的就是这样的道理，而我们常说的"唐僧团队"就是比较合理的人力资源配置。在这方面一些传统型销售行业的公司是走过弯路的，前些年这些公司收入比较稳定，在校招市场上就会挑"211""985"的学校来招，员工入职后，实际的情况与学生的期望相差太大，三个月内的离职率往往超过80%，剩下的基本上也在半年内都离开了，这就浪费了大量的成本与人力资源，后来改为招收一些本地大学或者大专院校的学生，离职率大幅下降。

但是对于一些基层组织来讲，可能没有机会涉及人力资源配置，企业给你的就是这些人，你不能轻易动，也没有办法轻易辞退或者招聘，还要你不断地提升绩效，这里就有很多办法，作为基层团队的队长的行为也就有很多的价值，而这些价值对组织来讲往往是很珍贵的。

一家做网络安全的公司，主要产品是TOB的，销售主要就是靠城市经理，这家公司初期的业绩就三四个亿，其中一个人的业绩超过50%，而且就一两个单子，一个单子就一个亿，其他人的单子最多就几百万，很少有上千万的。对于一家企业来讲，这样的行为是不是极具价值？他的做法并不是去做企业安全，而是去做城市安全，这个所涉及的领域要广得多，后来这家企业就更多地与各地政府合作，一下子就将TOB这块市场打开，通过政府的项目带动企业项目的更大发展。

如果没有充分的人力资源，还可以想办法用一些其他的资源来进行补偿或者用工具来代替。相信大家都有在淘宝购物的经历，我们买了东西后系统就会给一个订单号，你根据订单号，就能够跟踪所买的货物走到哪儿了。对我们来说，当我们清楚货物在哪里时，就能判断货物到达的时间是否能满足我们的需要，据此就能判断是否需要和客服沟通催促物流，这对于客户和物流而言更是避免了很多无谓的打扰，就减少了人力资源的投入。

中国电信某地市分公司在2018年获得了中国绩效改进最佳实践奖，这个案例也能够充分地说明把关键行为萃取出来，并加以管控，对于绩效的影响是巨大的。

中国电信是最早进军宽带市场的，宽带的品质也是三家运营商中最好的，相对而言成本也是偏高的，导致的结果就是宽带产品价格偏高。中国移动在进军宽带市场时是利用移动手机业务上的巨大红利对宽带进行补贴，只要用户有移动消费，宽带的产品价格就很低，以达到抢占宽带市场的目标，无疑这个策略是成功的。

中国电信在这样的竞争压力下，采用的是利用宽带优势快速扩大手机市场规模，具体的应对就是，如果用户使用中国电信的手机，那宽带基本上就是赠送的。由于手机号码具有不可替代性，对用户来讲换号码的成本是比较高的，所以很多用户是不愿意的。因此在门店销售过程中就必须用价格去打动用户，中国电信就推出了全家使用电信号码赠送宽带的产品，总的来说，这款产品无论是品质还是价格都是有竞争力的，关键就是客户可能不太能够理解或者不愿换号，因此就需要营业员在销售过程中认真地进行产品推荐。

这个销售过程，有一个关键的动作，就是对用户现有的通信消费与推荐的产品进行对比，在门店调查中发现，做了本动作的营业员营销成功率是不做这个动作的营业员的8倍，很明显这就是一个关键行为。

这家地市公司针对这个动作开发了一个微信小程序，营业员可以很方便地在线上完成数字对比，同时可以对营业员每天比算的行为进行统计与通报，帮助营业员形成习惯，从而提高成交率。

这个案例中的方法后来被很多公司进行了推广，重点有二：一是销售人员使用工具使工作变得更加的简单，就更有意愿去使用这个方法；另一点更重要，原来对于这个动作的管控主要采用人工统计，人力资源成本是比较高的，而且也不可能配这么多的人，这个工具很好地解决了人力问题，统计的事情由系统代替了。

有组织的工作流程

流程再造在大企业中是一个很常见的词，过一段时间就会根据组织业务发展、外部环境影响或者未来的趋势对组织进行流程再造，流程再造的根本目的是让企业更好地适应这个市场，带来更大的发展。其实在任何一个小的组织或者部门，乃至一个人做一件事情也有流程优化的空间，以达到提高工作效率改进工作绩效的目的。

流程在百度上的解释是这样的：由两个及以上的业务步骤，完成一个完整的业务行为的过程，可称之为流程——注意是两个及以上的业务步骤。那两个及以上的业务步骤就有谁先谁后的问题，说一个最简单的生活经验，比如烹饪，先放什么后放什么这个是很有讲究的，这才有中华美食的博大精深，往往错了一个步骤煮出来就不是那个味儿。

我们以华为手机专卖店与通信运营商的合作来举例。

某通信运营商分公司对于手机店的销售有一个很明确的流程，但是这个流程是有问题的。根据公司的要求，厂商（华为、OPPO／VIVO）等门店的促销员在终端销售员销售手机时，必须找时机切入套餐或者流量卡的销售，通过办理套餐赠送流量或者话费的方式与手机合并成交。但是我们在与绩优促销员访谈时发现，这个促销员给我们讲的4个案例都是在华为的手机销售完成后，给客户拿到手机准备交付时再开展的销售工作。

我们当时问这个促销员为什么不是按照这个流程销售时，她是这样说的："这个事情，领导想得很好，但是完全做不到，第一这个店不是我们运营商的，而手机卖场的；第二如果在销售手机时切入卡的销售，很难成交，客户根本不想听；第三是最重要的，很有可能用户因为不想办卡最后连手机也不买了，导致手机销售员极度反感，都不让我们进店了，所以我们基本上都是等她们把手机卖完，再卖手机号卡。"

其实在这个项目中做的第一件事情就是改变了销售流程，因为如果专卖店的员工不配合，你有再好的方法都是没有用的，就这样的一个简单的先后顺序的改变，就解决了这个问题。这就是基于工作实际出发，对销售流程进行的优化，而且带来了工作绩效的明显提升，那这个流程的改造就是有效的。而且往往这种基于工作实际萃取出来的流程比那些在办公室写出来的流程更为合理，也很容易得到推广。

工作流程的优化是企业的永恒话题，在华为流传着一个很经典的要求，"你如果要增加一个流程步骤，必须要减少两个流程步骤"，可见流程的优化是相当重要的。我们在本书中讨论的都是小流程，都是基于"小方法"解决"大问题"，并不会涉及企业的流程再造、扁平化管理等。一家银行有一些小额收费业务，在开通时往往客户还没有听明白，就开通了收费，但是真正收费后，可能会产生用户投诉。这家银行非常注重服务，公司对客服部门的要求是，只要用户要求"退费"都需要按投诉处理。但是真实的情况是，如果用户有退费的要求，客服部门转到一线去也是会给用户退的，用户也会撤诉的，但是这依然会拉高客户的投诉率，这对于基层来讲是一个重要的KPI。对于大部分人来讲，可能我就不做这个业务了，但是后来只做了一个微小的调整就解决了这个问题。

这里有一个技术问题,只有转派到一线解决的单子才算"投诉",才会算到"投诉率",有一家省级公司与客户服务中心搞了一个协作,如果客户因为此类业务的"退费"要求,客户服务中心直接退费,然后这个流程就结束了,不会产生转派,也不会产生"投诉",自然就提高了KPI,其实也提高了客户感知,这就是"小方法"解决"大问题"。

如果能将一些工作流程进行总结,经过提炼就可能形成一些稳定的方法,这些方法就可能给组织带来长期的效用。在日常的工作中是不太可能产生什么具有普遍性意义的方法的,更多的是针对某种特定的业务场景,由一系列的工作步骤或者流程所组成的,对工作绩效能够产生重要影响的流程集。比如我们前面所讲的外呼加微信的这个步骤,只是外呼中的一个小流程;促销员销售流程的调整、给用户进行账单查询是这个销售方法的组成部分,这些内容完整地萃取和整理出来,能够解决一个工作任务,那就是方法。

3. 环境刺激

孟母三迁的故事大家都听说过,在现代社会就是学区房,大家为什么会更愿意将小孩送到更好的学校去读书?说明环境对人的影响是巨大的,你看到旁边的人都在努力,都在读书,对于大部分人来讲,是不是也会更加努力一些,这就是环境带来的刺激。

金钱与物质激励

按照马斯洛需求理论，人的最基本需求是安全和生理需求，这都离不开金钱与物质。"人为财死，鸟为食亡。"话糙理不糙，提高金钱激励对于绩效的提升永远都是需要重点考虑的。招商局刚刚成立的时候，袁庚将军做过的一件事，就是将推小推车的人的工资从每天4毛钱变成每车2分钱，这和我们刚才说到的奖励激励的案例类似，也应验了中国的一句话：重赏之下必有勇夫。

那么，重赏之下一定有勇夫吗？其实不一定。那什么时候没有勇夫呢？目标太高了，能力根本不够或者不知道、不会。来看一个例子，我们都知道手机产品的更新换代特别快，那么新产品的利润比老产品要高很多，但是每三到六个月就会降到新产品的价格的三分之二甚至一半，所以厂家都希望在新产品一上市就能形成销售规模。为了配合这个目标，新产品的提成是老产品的5~10倍，所以我想问大家：如果我是促销员，我愿不愿意卖呢？按道理应该愿意。但是在我们走访促销员的过程当中，我们听到的是这样的话："我不愿意冒着挣100块钱的风险赶着客户走，我愿意挣10块钱让客户留下来。"这是什么原因呢？其实就是新产品我不会卖，不知道该怎么卖，我也不懂新产品到底是怎么回事儿，功能我也说不清楚，所以顾客来了我说不清楚，那顾客就会走，但是，我很熟悉老产品，我可以把顾客留下来，虽然只挣10块钱，但是靠谱。

所以大家会发现，不愿意的最根本的原因是因为不会或者是不知道，不知道就是信息的问题；不会，就是没有怎么卖新产品的工具或者方法。后来经过萃取与总结，把新产品的有效术语做出来之后，并教会促销员，他们就愿意了，接下来有一个特别重要的指标：新产品的首荐率（就是当问完顾客需求之后，促销员向顾客推荐的第一个产品是新产品的比率）就从原来的17%提高到73%。因此激励不仅与刺激有关，也与能力有关，如果说作为一个普通人去攀登珠峰，只要安全地下来就给你一个亿，你去吗？不会去对不对？因为你明知道是完不成的。

除了能力不到位、指导不到位，在使用金钱激励上，我们还有可能会犯一些低级错误，最常见的是激励与行为不直接匹配或者太复杂。最有效的激励方法是我做了A动作，取得了B成绩，就可以提到C的激励，不需要我去想，但是在企业实践中更多的情况是把激励设计得复杂而难以理解，员工完成了A动作，也取得了B成绩，但是要拿到C的激励，你还要完成D任务，甚至这个金额还与E工作有关，那就没有人愿意做了。我们前面讲过一个"给用户查现有套餐"后再营销的案例，我们在落实这个关键行为时就用了金钱激励，而且特别简单，"只要销售人员晒一张查询用户套餐的截屏，我们就发5块钱"，通过这个激励来固化销售人员的动作，并不会与是否成交相关，效果就非常好。

另外一个就是反馈。有这样一个案例，现在国有企业的内控及财务管理越来越严，原来有些销售激励可以及时发放到一线，这个对于提升销售人员的积极性起到了很大的作用，现在由于内控的原因，没有办法及时发放，销售激励的效果大打折扣。有一家公司在这个过程中，将销售系统与激励打通，如果销售人员成交一单，只要系统中完成相关录入工作，立即会收到一条短信：你因为这个成交会得到多少钱的激励、这周（月）累计的激励已经达到多少钱、你在这个业务上的排名现在是第几名……当一个销售人员看到这样的短信后，有没有激励作用呢？一定是有的，就这样一条简单的短信，就解决了财务没有办法解决的问题，就是把激励的信息及时反馈出来。

在设置激励时最重要的就是要问自己几个问题："我可以刺激到他吗？""我可以长期刺激到他吗？""这个刺激足以令他按照我的预期发生行为改变吗？"金钱的刺激并不是最终的目标，我们通过金钱刺激是希望营造一个积极的环境，然后通过这个积极的场域来影响到其他的。你身边一定有这样的人，本身可能开着奔驰宝马来上班，但是置身于一个积极向上的环境中，虽然工资可能还不够油费，依然愿意与团队一起努力，这才是根本目标。

非金钱激励与职业发展机会

人的需求层次会随着社会的发展不断提升，改革开放初期，我们主要使用的就是金钱激励，但是随着人们收入水平的增长、财富的积累、生理和安全需求得到满足，对于金钱的激励没有那么容易满足，金钱的刺激作用也会逐渐下降，那就需要满足人的社交和尊重需求，在企业中表现为非金钱激励。

大到国家，小到企业，非金钱激励都有，如各种荣誉称号，这些大多数都是顶层设计，还有很多企业将这些荣誉称号与职业发展机会关联，从长期看是能激发人的内在动力的。非金钱激励对于小企业和基层组织来讲也是可以做的，如常见的表扬，如果表扬的方法得当，就能很好地营造团队的氛围。比如现在很多企业都会开展一些团队建设活动；再比如一些销售团队会组织例会，请业绩发展好的人发言等，这些都是很好的非金钱激励。

非金钱激励的方法很多，但不是坐在办公室可以想得出来的，一定要去了解那些绩优的基层团队长是如何做的，这些行为在同等条件下也一定可以帮助到企业的其他员工。

明确的后果

我相信很多人都知道英国船主由恶魔变天使的故事。1770年，英国的库克船长带领船队，发现了澳洲新大陆，那么谁来开发这个不毛之地呢？于是政府就把判了刑的罪犯送到澳洲，既解决了英国监狱人满为患的问题，又为澳洲送去了充足的劳动力。这样运送犯人的工作就交由私人去做了，但刚开始的时候，这些犯人在海上的死亡率竟然高达37%。这么高的死亡率不仅在经济上损失巨大，而且在道义上引起了社会强烈的谴责："他们虽然是犯人，犯了错，但也是人呀，怎么能够草菅人命呢？"所有的英国民众都在谴责这些船主，希望他们良心发现，弃恶从善，但有用吗？大家会发现，这种做法就是从道德上进行说教，是没有用的。那最后是怎么做的呢？其实就是改变了奖惩的制度、激励的制度，把原来按照上船的犯人数量给钱的规则，变成下船时活着的犯人数量给钱，也就是我们通常说的离岸价和到岸价，就是这样一个改变，死亡率从37%下降到1%~1.5%。

在二次世界大战的时候，美国空军和降落伞制造商之间也有一个真实的例子。当时降落伞的安全度不够完美，经过厂商的努力改善，使得降落伞制造商的良品率已经达到了99.9%，应该说这个良品率，即使在现在许多企业也很难达到，但是美国空军对这些制造商说"NO"。因为他们认为即便是这样，空军的士兵也有可能因为降落伞质量的问题牺牲，而不是牺牲在战场上。所以他们要求交付的降落伞的良品率必须达到100%。这个看似不可能完成的目标，最终因改变了抽检规则变成了现实。抽检降落伞时，必须让供应商的负责人背着它跳下去，这种方式其实就是变相惩罚供应商，如果降落伞有问题，先牺牲的就是你。

这里讲的就是明确的后果，任何一项工作除了激励，也需要让员工知道如果绩效过差会有什么样的明确的后果。俗话说"没有规矩，不成方圆"，规矩就是安全边界，首先要明确的就是绩效的要求。前段时间有一个被广泛报道的事件，房地产开发公司将住宅楼的楼面板的厚度设计为10.01厘米，我们先不谈他是否能够达到这样的精度，从另一个角度来讲，他确实不违法，因为法规规定就是不低于10厘米。我们在工作中，很多企业对于工作的描述以至于绩效的描述本身就是不清晰的，更不用谈明确的后果了。

我们要强调的是，后果必须是明确的，这个明确必须确保个人与组织双方都是明确的，有些管理者不太愿意把后果讲在前面，这是不对的。现在很多企业都会跟员工签绩效责任书，这个过程其实就是明确激励与后果的一个方法，既保证了员工的权益，也保证了如果绩效任务不达标，公司要你承担的后果能够执行。当然明确的后果可以是金钱方面的，也可以是非金钱方面的，如参与评先评优的资格等。

4. 个人因素

个体的绩效一定与个人的知识、能力与动机有着很重要的关联，我们在本书中强调的是，这些因素对于组织短期的绩效提升影响不大。

比如第四模块中的培训指的是通过长期、系统地培养一名员工，以达到组织的某些标准，但是在短期绩效提升中我们的目标不是要培养人，而是提高组织绩效。比如，史密斯老师能够做到这几点，其一定有其人性上的优点，但是我们不是要所有的老师都变成史密斯老师，我们只需要博比不再影响其他同学就可以了。我们现在看到越来越多的企业会对管培生投入巨大的资源，这些对于企业的长期发展都有很大的帮助。

我们在工作中也经常会培训，如文件的传达、工作方法的贯彻、公司政策的调整等，这里的培训更多的是对工作具体指导的落实，这些行为对于短期绩效的提升是很重要的，特别是保证行为一致性的方法与行为，是我们关注的重点。在这个模块中，我们要关注的是第一模块，关注的不仅仅是培训本身，而是在培训前有没有将这些方法、标准、关键举措说清楚，能不能确保有效。

第五个模块当中的"能力"代表了员工担任一个职位的能力。它体现在员工与职位需求的相符与不符上。在这里选拔过程是否有效是至关重要的。我们在分析绩效提升的行为因素时，更看重组织行为，也就是说是否可以有机会通过一些具体的工作指导、工具的使用来降低对人的要求。客户服务部门最重要的工作是服务，对于这些员工的招聘与培养也是按照如何更好地服务客户来开展的。某区域每个月的客户呼入客服系统的数量大约是16万次，这是一个非常好的营销触点，如果能利用好将会给公司带来一笔不小的客户收入，但是让客服人员去做营销就是一个巨大的挑战。重新去培训他们在短时间内是不太可能的，我们通过建立一套营销系统解决了这个问题，客户呼入时系统会自动跳出一个提示，有关这个客户过往的消费记录及适合这个客户的当期活动，将这些内容编成话语，与客户一一匹配，客服人员只需要将这些话语念出去就可以了，不需要营销，客户如果接受就成交，如果不接受只需要再次询问是否需要专门的客户经理后期联系客户详细介绍就可以了，这样一个动作带来的成交是总呼入量的4%。大家不要小看这个4%，每个月大约就是8000笔。在这个环节中，我们重点要考虑的依然是与这个模块相对应的第二模块，资源、工具与流程，看看有没有哪些行为可以降低对个体能力的依赖。

第六模块关于个人动机，其实在基层工作中对绩效的影响并不大，对于在马斯洛需求上越低层次的需求,个人动机越不重要,重要的是对应的环境刺激的模块,只要激励与后果到位,你就可以让他按照组织的要求来做。如果你的员工是要追求个人理想,那有没有激励是不重要的,他会实现自我激励。当然在这个环节中,比较重要的是评价体系,一个僵化的评价体系会造成"劣币驱逐良币"的后果。

第二章　认识关键行为萃取

一、什么是萃取，什么是轻萃取，轻萃取的操作流程是怎样的

前面我们讲到什么是"关键行为"，并一一列举了关键行为对绩效的影响作用，此时大家可能已经有了疑惑：怎么找到关键行为，关键行为从哪里来？我们采用的方法是关键行为萃取。这里先引入"萃取""轻萃取"两个概念，帮助大家从源头上更好地理解本书所说的"关键行为萃取"。

什么是"萃取"

《知识管理——向美国陆军学习知识萃取》一书中提到，"知识萃取原指IT领域从结构化数据或者非结构化数据中提取出可以被机器阅读与理解的新知识内容，与自然语言处理中的信息抽取类似。事实上，现阶段知识萃取的概念范畴在实践过程中已经被逐渐扩大，包含

了对隐性知识及显性知识的整合、加工及提炼。对经验的挖掘提炼是隐性知识显性化的过程，对文档的整理加工是显性知识标准化的过程。"

这段话我认为已经给出了一个较为清晰的概念，"萃取"首先是一种行为动作，是帮助人们实现知识沉淀的一项技术。再往深一个层次来看，"萃取"更是一种思维模式，这个概念就类同于创新思维、互联网思维。为什么这么说？首先，作为"行为动作"的"萃取"，是要靠思想发出指令从而落实的，这种思想就是一种"萃取思维"。其次，我们处于信息爆炸时代，在需要快速获取知识、跨界学习的时候，自身调动的快速发现关键点、总结提取内涵并转化为自己所需的内容，这也是自身的"萃取力"，所以说"萃取"是一种思维方式。

故而，坊间常常提到的案例萃取、经验萃取、实践萃取也就不难分清，它们都是基于不同主体内容所进行的萃取。简单来说，我们可以将萃取的主体划分为两大类，一类是行为萃取，一类是观点萃取。顾名思义，行为萃取指对人们的行为进行提取并形成有价值的标准动作；观点萃取则是对某件事的思想结论、规律内涵进行的提炼。而本书所提到的"关键行为萃取"就是"行为萃取"中的一个分支。

什么是"轻萃取"

"轻萃取"，简单理解即"轻"+"萃取"。前面我们说萃取是一种思维，操作是一项技术，无论是个人还是组织，具备萃取思维、能够用萃取技术沉淀知识，一定是大有裨益的，但是多数人要真正完成一项成果的萃取，常常觉得萃取高深莫测，操作起来不得法门。我们研发出让萃取技术更加简单、高效、快捷的"轻萃取"技术，"轻"就是简单、高效、快捷的意思，可以理解为，"轻萃取"是萃取技术的加速器。

轻萃取的操作流程

"轻萃取"由五大步骤四项能力构成，五大步骤依次是"定一个主题""找一类对象""挖一个故事""提炼关键点""设一个套路"。在这五个萃取步骤中，需要萃取者具备识别能力、提问能力、深挖能力、提炼能力，才能高质量地完成萃取工作。整个轻萃取技术，在另一本即将面世的书籍《智慧轻萃取》中会有详细阐述，本书不做赘述。

关键行为萃取是轻萃取的一种具体应用。

现在我们已经了解，"关键行为萃取"是"行为萃取"的一个分支，"轻萃取"是萃取技术的加速版技术，那么不难理解，关键行为萃取便是"轻萃取"技术中的一项具体应用了。

关键行为萃取的目标一定是绩效的提升，是通过挖掘绩优员工的关键行为，并制订出具体的措施加以落实，以保证大部分员工的行为一致性，达到提升绩效的目标。我们先来看一个案例：一个人是如何在极为有限的资源条件下，通过关键行为萃取的方式取得了巨大成功的。

1990年，杰里·斯特宁（Jerry Sternin）效力于帮助弱势儿童的国际慈善组织"救助儿童会"（Save the Children）。越南政府邀请救助儿童会协助改善当地儿童营养不良的问题,他受命前往,计划在当地设立新的办事处。斯特宁抵达越南后,却发现接待人员寥寥无几,态度也冷若冰霜。外交部部长告诉斯特宁,并不是所有政府官员都欢迎他的到来。外交部部长抛下一句话:"你必须在6个月内做出成绩来。"

斯特宁带着妻子和10岁的儿子同行,3人都不会说越南语。他回忆道:"到达越南机场的时候,我们觉得自己就像孤儿,对于要做什么一点儿主意也没有。"斯特宁随行的工作人员屈指可数,能调动的资源也非常匮乏。

针对此次任务,斯特宁阅读了大量资料。研究后认为,营养不良是一系列问题综合作用的结果:卫生状况差、生活贫困、清洁饮用水缺乏、农村居民往往不重视补充营养。

在斯特宁看来,这些分析固然正确,但毫无用处——全是正确的废话。他认为:"数百万孩子等不到这些问题全都解决的时候了。"如果从这条思路入手,就得先消灭贫困、净化饮用水、建立卫生系统,那么解决营养不良问题就遥遥无期了。何况他只有6个月的时间,而且几乎一文不名,没有什么可用的资金。

斯特宁想出了更好的主意。他四处拜访农村,调查各个地区的状况。他把所有母亲分成若干小组,分别测量各个村每个孩子的身高、体重,然后把这些数据按组汇总。

随后,斯特宁便问这些母亲:"有的孩子家里非常穷,却比一般小孩长得更高、更壮、更健康。你们发现这种情况了吗?"母亲们看了看统计数据，点头说："是，是，是。"

斯特宁又问："也就是说，现在这个村子里，有人家里穷得叮当响，可还是养出了营养良好的孩子，是吗？"

"是，是，是。"

"好，那我们去看看他们是怎么办到的。"

斯特宁的策略是找到当地社区里的关键行为。所谓关键行为，指的是值得他人效法的成功做法。既然有的孩子家里穷困潦倒却仍健康成长，就表示营养不良并不是无法避免的事；既然有的孩子活得十分健康，也就表示一定有快速见效的实用对策。斯特宁知道，自己铲除不了棘手的"病根"。但是，如果有那么一拨孩子能免于厄运，茁壮成长，为什么其他孩子不能做到呢？

"要让自己的孩子更健康，你该怎么做？"这种笼统的议题不仅太庞大，而且也不可能一次解决。妈妈们需要的是方向，而不是激励。每个母亲都希望自己的孩子更健康，问题在于，到底该怎么做？

斯特宁说，我们不要干坐着分析"营养不良"，一起来研究那些"优秀"妈妈的做法吧。

第一步，斯特宁和妈妈们必须剔除不具有代表性的关键行为。比如这家男孩有个舅舅在政府机关上班，有机会经常给他送食物加餐。其他家庭不可能如法炮制。

为了弄清优秀妈妈的做法有什么与众不同，斯特宁的小组还必须总结出普通家庭喂养小孩的"传统观念"。为此，他们与数十位母亲、父亲、哥哥姐姐、祖父母等人交流，发现当地社区的饮食习惯相当明确：小孩跟家人一样，一天吃两顿饭，吃的是适宜儿童的食物——易于消化的单种食材，如优质大米。

掌握了当地儿童喂食习惯后，斯特宁和妈妈们便开始走访优秀儿童的家，观察他们异于一般家庭的做法，结果有了出乎意料的发现。首先，优秀妈妈一天给孩子喂4次饭（每日进食总量和其他孩子一样，只不过分4次吃）。可见，一般家庭一日两餐的做法并不适合儿童，因为孩子们营养不良的胃无法一次消化那么多食物。

其次，优秀妈妈的喂养方式也不同。大多数父母认为，孩子知道自己该吃多少，会自行从餐桌上取用适当的饭量。相比之下，优秀家庭喂养孩子的方式要积极得多，必要时父母还亲自喂孩子吃饭。优秀父母还会鼓励生病的孩子多吃点东西，这跟当地习惯做法不太一样。

另外，也是更有意思的一点，健康孩子吃到的食物种类更多。这些妈妈们会从稻田里捉一些小虾小蟹，掺在孩子的米饭里。当地人一般认为，虾蟹是大人吃的食物，不适合拿来喂小孩。优秀妈妈还在米饭里加入甘薯叶，这种绿叶通常被视为下等食材。这些饮食上的即兴创造看似怪异或者"下等"，却在无意中帮了大忙：添加杂食为孩子补充了饮食中严重缺乏的蛋白质和维生素。

身为一个外乡人，斯特宁根本不可能自己想出这些想法，他甚至对甘薯叶一无所知。这些创造性的办法是本地智慧，源自村民的实践经验，必然现实可行，也必然能够持久。不过光知道办法还远远不够，为了促成改变，很多母亲必须转变观念，接受新的烹饪习惯。

要是其他人身处斯特宁的角色，可能会想着直接发表声明，召集村民，公布一系列的建议。各位，集合啦！我研究了你们的问题，现在已经有了答案！下面请听打败营养不良的斯特宁五项法则。

不过，斯特宁并不打算这样做，他解释说："知识未必能改变行为。我们都见过心理学家发了疯，医生大腹便便，婚姻顾问自己也离了婚。"斯特宁深知，给母亲上营养学课程改变不了她们的行为，妈妈们需要的是实际可靠的操作办法。

当地社区针对 50 户儿童营养不良的家庭设计了一个项目，每 10 户人家为一组。参加项目的妈妈们每天定时在临时厨房里集合，筹备餐点，每个人都必须带上虾蟹和甘薯叶。妈妈们先用肥皂清洗双手，然后一起做饭。斯特宁说，这些妈妈开始"接纳新的思考方式"。最重要的是，这种转变来自她们自己，是当地智慧。斯特宁的角色只是帮助妈妈们认识到，靠自己的力量就可以攻克营养不良问题。

斯特宁通过组建烹饪小组，把妈妈们调动了起来。每个人都收到明确具体的指示：如何用虾蟹和甘薯叶煮出可口的饭菜。当那么多母亲都在做同一件事，剩下的人会面临强烈的社会压力。实际上，烹饪班正在改变村落的文化。

最重要的是，从关键行为入手，可以避免"非我发明"带来的疑虑。有些人总是对进口的"舶来品"做法深怀戒心。试想一下，假如美国政客提议采用法国医疗保健制度，将会引发多大的民意反弹（反之将美国和法国的角色对调亦然）。人们总是觉得，自己的办法最高明。

在目标村落里找到优秀家庭，解决之道出自本地。如果斯特宁硬要把其他村子的做法借鉴过来，推广过程将遇到更多障碍。当地的妈妈们一定会百般不满：这些人跟我们一样，我们的情况复杂多了，那些方法在我们这儿行不通。

斯特宁抵达越南村庄6个月后，当地65%的儿童营养问题得到改善，并且继续保持下去。后来，埃默里大学公共卫生学院的研究人员来到越南收集其他数据，发现即使是斯特宁离开后才出生的孩子，健康状况也跟直接受到斯特宁帮助的孩子相当。由此也证明，这项改变的确能持久下去，而非昙花一现。

斯特宁的成功经验逐渐推广开来。"我们首先选出14个项目进度各不相同的村庄，当成社会交流实验室。越南其他地方的人都想复制这套营养改良模式。每天都有人来到这所社会大学，到村里去摸、去闻、去嗅、去看、去听。'毕业'后，这些人回到自己的村子、认真执行这套办法，直到取得成果……这个项目影响了越南265个村庄、220万民众。我们一手建立的社会大学，也成为教育村民大幅改善营养不良问题的国内典范。"

没有什么故事能比这更富有传奇色彩的了。斯特宁率领着相信此举有效的小小团队，以及满怀希望的母亲，面对手头拮据的不利状况，还是与营养不良问题打了漂亮的一仗。更加令人叹服的是，这些人根本不是什么专家，也不是一开始就有解决办法。他们最值得称道的，就

是对关键行为充满信心。(摘自《瞬变》——奇普·希思、丹·希思)

二、关键行为萃取的三大关注点

1. 以结果为导向：结果是业务专家的依据

关键行为萃取要取得成效，首先是经验必须是有效的，就是要找到绩优的业务专家，萃取他们身上的优秀做法加以复制推广，那业务专家的行为是否有价值就是至关重要的。判断的唯一依据就是专家的行为必须是有结果的，我们要从现有的结果中去找到优秀做法。

哪些行为最有价值？最容易复制？一定是相同环境下。同地域、同时期、相同的人力资源等，就像斯特宁的故事中所描述的，本村的经验是村民最容易接受的，你拿其他村的经验就会出现障碍，拿其他国家或者区域的就更不用说了。我们强调的是这些原始的经验必须以结果为导向，不能是凭空想象的。"实践是检验真理的唯一标准"是我党重要思想，是经过全党讨论出来的重要结论，说明在大部分的实际工作中，我们判断事情的好坏的标准就是实践结果，而且这个结果的测量也必须是科学的、有效的、结果必须是有数据支撑的，不是凭主观判断。

结果必须要有事实和数据支撑

我们在工作中最主要的结果就是各种报表，从销售岗位上来讲，一定会有一些数据可以看到每个人的特点和优势，如销售成功率、销售额、连带销售率、滞销品销售率等。那在其他的一些工作岗位，也一定有类似的指标，如电话接通率、电话服务时长、障碍率、投诉率等。不论是什么岗位，从结果上来讲，一定是有指标去评价的，如果没有那就不能准确地说这个工作做得好还是不好。我在基层培训的过程中，有一次本地的老总给别人介绍说陆老师讲课非常好，也很有成效。其实从地市老总的层面来讲，是不太能看到销售培训的成果的，而且也确实没有办法做关联，销售业绩的提升是因为培训做得好，这个还是很难的。这时其他人就看着老总，其实大家都在等他的解释，老总接着往下说道："有两件事情能够说明这个结论，一是各个单元都会主动邀请他去讲课，而且是各单元的一把手点名要陆老师去。二是我们很多代理商听到陆老师的培训都会主动报名，其他的培训都会找借口不愿意去，这就很能说明问题。"这两句话虽然没有明确数据，但是背后是含了数据和事实的，如果硬要说一个数据的话，可以是"邀请率"或者"主动报名数"等，那就可以去对不同的讲师做出评价。

我们从斯特宁的故事中，也可以看到这些数据，他们到社区去调查每一个小孩的身高与体重，发现总有一些小孩的营养状况是好的。而在墨菲的故事中，结果是如何体现出来的呢？是靠博比的陈述，他说他在史密斯老师的课上就不怎么捣乱，这也是一个明显的事实。

在这里我们还必须要强调的是，结果必须要体现出差距，这个差距主要体现在横向比较上，也就是与自己同类型、同等规模、同等发展水平的其他公司、部门或者个人来比较。比如，单独看印度这些年来的经济发展也是不错的，通过几十年的发展，经济总量增长了很多倍，但是和中国一比就体现出了巨大的差距了。

就像考试为什么要排名，小孩回来说考了98分，你心里可能还小小窃喜了一下，然后顺口问了一句：那其他人考了什么成绩？当你得知其他的小朋友都考了100分时，你心里是什么感觉？因此以结果为导向不仅仅要看单独的数据，更要去看数据之间的差距，这样才能找到你真正想找的业务专家。

寻求结果的两大误区

在寻找结果时第一个误区就是只看人不看结果，不可否认，如果一个人在某方面特别突出，可能其他方面的能力也不会特别差。但是不能忽视的是，在学习中也有严重偏科的人。我上初中时有一个同学，数学往往能考满分，但是英语只能考二三十分。那工作中，也必然会出现这种情况，而且应该更普遍一些。工作中的成人其实是特别懒的，这里的懒不是指工作不勤快，而是指总愿意待在自己的舒适区，不愿意跳出舒适区，这就造成了可能一个人总会按照自己的习惯去处理事情，可能在某个领域比较出色，但是情况或者场景变了，就是另外一个结果了。我们在寻找伙伴的过程中一定要先看结果，而不是凭印象觉得某个人在这方面原来做得挺好的，靠感觉来判断。

有些同事听说陆老师讲课讲得好，那我们请陆老师来给我们讲一次授课技巧吧！你们觉得我能讲吗？大家可能觉得还行，但是在专业的 TTT 讲师眼里，这就叫作没有技巧，完全是随意发挥。我讲课比较受欢迎的最主要原因是内容好，完全不讲技巧，你让我去讲 TTT 肯定是不行的，因为我讲课好，并不代表我讲课的方式可以给别人带来帮助，这就是只看人，不看结果。

你的工作伙伴中有人在某个行业或者某个领域的销售业绩非常出色，并不代表他在其他行业或者领域是有经验的。在这种情况下，你在寻找业务专家的过程中，必须要做到岗位与专家之间的严格匹配，如果做不到这一点，那萃取出来的经验就会出现不适用的问题，你如果拿这个内容去讲课，那就会遇到特别多的挑战。

寻找结果中的第二个误区是只看经验不看时间。什么意思，就是经验是有保鲜期的，过去的经验不一定在现在就适用。比如，以前有在团队管理培训中一直讲的经验，就是你批评人不能直接批评，要用一个方法，这个方法俗称"三明治"或者"Yes Yes But"，这个方法现在还适用吗？显然已经不适用了，我真实地听到过一个"90"后的员工跟她的主管说"你直接说但是，不要废话"。再比如说 5 年前可能你去说我微信上随便发一些内容就会带来销售，但是现在可能就难了吧，事物都是在变化的，人也是在不断变化的，经验当然也是有保鲜期的，过去的经验并不一定适用现在的情况。

剔除结果中的干扰因素

结果的数据有时是不真实的，会受到一些个体因素的影响，我们在判断这些结果时，就必须将这些因素剔除。斯特宁在量了小孩的身高体重后，为了保证数据的准确性，他们还做了一项工作，就是将一些家庭条件比较好，或者有一些特殊资源的小孩剔除，确保那些优秀妈妈就是普通家庭，总结出来的方法对于大部分家庭都是适用的。

什么是个体因素？比如人脉资源。我曾经访谈过一个案例：

有个零售门店每次发布新产品时，销量总是领先其他门店一大截。有一次，也是新产品发布，一天这个门店就做了一个20户的团单，我们看到报表后准备去了解一下，这个门店是如何做到这样一个团购的，这对于门店来说也是一个好的发展途径。电话打到销售单元，一了解，说你们不要来了，这个客户和店长是同学，关系还挺好的，就是靠朋友关系做到的。听到这个大家都能理解，再去就没有什么意义了。还有以前我访谈过一个区县的投诉处理人员，为啥呢，因为这个单元的投诉处理结果都比较好，我们想去问问有没有什么经验，最后告诉我们说，就是地方小，大家都比较熟悉，找熟人就好解决，这个可能也没有办法复制。

还有一些比如环境政策层面的原因，导致业绩有明显差距，这也就是我们为什么强调经验必须出在同区域的原因。这里的环境包括外部环境，四川的经济社会发展水平与江苏有巨大的差异，你不能拿着四川的经验去江苏复制。我们看到有通信运营商在四川通过与基层镇政府、村委会合作将村民组织起来,以惠民补贴的形式开展业务推广,取得了很好的业绩,这个方法如果用到江苏可能就不会有效。内部政策因素主要是一些大型集团公司,在各省各地的内部政策资源会有所差异,这也会导致绩效上的不同。内外部环境因素很多,我们的建议是不要去多考虑,要尽量在本地组织经验的萃取与应用,那就可以有效地规避这些问题。

2. 以行为为目标:访谈的关注点是行为

"天下之事,闻者不如见者知之为详,见者不如居者知之为尽。"这是陆游的一句话,意思是天下的事情,听到的人不如见到的知道得详细,看到的人不如亲自经历的人知道得详尽,很容易理解。但是,作为经验萃取来讲,我们不可能去亲自参与到每一个实践过程中,既没有听到,也没有看到,更没有参与,但是我们要做到"知之为尽",这就是萃取的目的。虽然我没有听到,没有看到,更没有亲自去做,但我要通过提问、倾听等方法与技巧,尽可能地还原事情的本来面目,如果做不到这一点,那结果可能就是有误差的,在应用的过程中就达不到目标。

什么是客观的行为

在与人沟通、聊天的过程中,我们都会不由自主地加入很多主观的意识与观点,为什么有些人觉得算命还挺准的?因为他们会自动忽略算命先生说的不对的地方，会把他说的对的地方放大，就会觉得特别准。如果是销售呢？很多人在销售课上会经常提一些个性化的销售案例让老师解决，销售研究的是社会心理学，关注的是大众行为，并不关注个别案例。如果你这样去和学员解释，他可能会说，这个事情经常发生啊，是什么让学员觉得个别案例是普遍现象呢？因为你被失败案例伤害了，记忆比较深刻，但是大部分的成功案例并不在你的统计表上，导致个别案例被放大了，那这个是事实吗？当然不是。我们在访谈的过程中，最重要的是了解行为，要尽可能地去了解当时发生了什么。作为当事人，你看到了什么、听到了什么、闻到了什么、说了什么、做了什么或者感受到了什么，我们要的是事实和行为，特别是当事人的行为，因为只有当事人的行为是可控的，是可以带来后续绩效提升的方法的。

我有一个朋友是一家商场卖鞋部门的经理，有一次聊天中说到指标压力特别大，很苦恼没有什么方法可以提高销售业绩，而且现在实体店的生意也越来越不好做。我问道："说说你的员工，他们是怎么卖鞋的呢？"

经理谈了他手下最好的一个售货员的情况，这个女售货员的销售量是其他售货员的三倍之多。然后我问道："她的做法与别人有何不同呢？"

其实我的朋友也不太清楚这个售货员是如何做到的，因此我的建议是在现场装一个摄像头来观察一下她是如何做到的。

一周后，给我的反馈是这个售货员会完全把自己带入顾客的世界里去，留意顾客的衣着打扮，和顾客拉家常，了解他们的需求。她还会一下子拿出六双鞋来给顾客挑选，而不是一双。她会说："现在到春天了，这双凉鞋怎么样？我发现你的包包真的和这几双鞋很搭！你喜欢红色的吗？看看这几双怎么样？"

而且，不像其他售货员问顾客是否愿意购买然后遭到拒绝，这位优秀的售货员会简单地圈定这单生意，说："您若是办理会员的话，今天就可以享受九折优惠，您只需要在这里签个字。"

这给了我们启发，"你的售货员有多少人会这么做呢？他们一天又会拿出来多少双鞋展示给顾客看呢？"

"我也不知道，我们的系统无法统计这些数据。"这位经理回答道。

"好，系统不能，但是并不意味着这些数据无法衡量。"

然后我们一起为他的部门建立了一套操作标准，每位售货员都应该连续做好以下三件事：第一，向每位顾客至少展示 4 双鞋子；第二，加用户的微信并发一段感谢的话；第三，邀请每一位顾客办理会员卡。

关键行为不是天上掉下来的，只有通过细节的访谈才有可能了解到，在这个案例中为了找到关键行为采用了摄录设备，道理是一样的。就是要尽量将业务专家的行为完整地还原出来，越详细越好。所谓外行看热闹，内行看门道，我们有很多业务专家并不清楚自己的哪些行为是关键行为，也不知道他自己是因何成功的，但是在一个行业内的专家眼中，一定可以通过业务专家的行为分析出关键的成功因素，如果我们不能将这些行为完全还原出来，结果的准确性就没有办法保证。

很多初学者在访谈时，不重点关注行为，而是关注做法。比如，"销售中我们需要与客户寒暄"这就是一个明显的步骤或者做法，并不是行为。那行为是什么？每一位进店的客户，我都会主动走上前，在离客户两米左右的距离与客户打招呼，一般第一句话就讲"欢迎光临，今天有什么需要帮助的吗？"然后等待客户的反馈。做法并不错，但是太笼统，我们要的是具体的行为细节，然后通过行为的细节来判断哪些是最为重要的，是能对绩效产生影响的，然后进行推广。

与行为有关的要素

行为本身是容易还原的，但是仅仅有行为还不够。我们知道一个动作、一句话是怎么说的，还需要知道这个动作、这句话应该在什么时候做、什么情境下说，我们在关注行为的同时，还要关注与行为有关的要素，行为与这些要素组合起来，才是对工作的具体指导，才可能上升为组织的标准。在这里列举一些要素供大家参考：标准、频率、分类、异常及解决方案、结果与反馈、相关工具、动作、话术等。

我有一个同事，在6个月的时间内将体重成功地从180斤减到150斤，这是一个很好的结果，如果你想问问他的经验，他可能就会告诉你，无非就是运动加健康饮食。这两个是不是行为？不是，这只是两种做法，那行为是什么？可能是"跑步"，好，这次是行为了，那够了吗？对你有用吗？有一点了，但是不够。你得继续了解，那跑步一次跑多长时间或者多长距离？一周跑几次？跑步有没有需要注意的地方？如何避免运动伤害？是在室外跑还是跑步机？是否需要购买专业的设备，比如跑鞋？跑步时有没有什么要求，比如动作？等等，只有把这些与跑步这个行为有关的内容都了解清楚，才有可能对你有指导作用。

行为的差异更为重要

结果的差异并不一定是由于行为的差异带来的，也有可能是个体差异的因素，比如各种所谓"西施"的生意这么好，不一定是产品好，也不一定是销售技巧好，可能就是因为长得好看，这没有办法复制。剔除这些因素，那一定是行为上产生了差异。

学习成绩的好坏大多数情况下一定是与个人的学习习惯有关。我的初中班主任有一次在家访时，对我的父母讲过这样一句话：我每天就是观察那些成绩好的学生在干吗，并不需要到考试时才知道他这次会怎么样，成绩的波动也是可以预测到的，只要看他平时上课时，课间休息时在干吗，就可以轻而易举地得出结论。这就说明行为的差异对结果是有重要影响的，在不同的个体之间这个结果也是必然的。从工作上来讲，绩优员工与其他人的行为一定会有不同，我们经常把这些称之为"独门绝技"。运气从来就不是绩优的主要因素，一定是努力的结果，而努力的过程往往体现的就是行为的差异。行为差异有可能是行为本身的不同，也有可能是行为执行过程的不同，我们都需要明确地知道绩效的优劣与哪一项行为差异有关。成人学习是很功利的，没有用的知识和方法完全不能引起他人的兴趣，如果你能明确地指出他现有知识或者行为的错误或者改进点，而且能够展现出与绩效之间内在的联系，就能够有效推动员工的行为改变。

我们在做行为萃取前，首先要了解的是这项工作的一般行为是什么，然后再与绩优员工进行访谈，就比较容易了解到关键行为在哪里。因此我们并不建议关键行为萃取由外部专家来完成，应该由组织内部的专家去完成，这样才能准确地找到关键行为。前面卖鞋的案例中，作为一个局外人，是看不出来这个营业员有什么异常的，但是作为一个资深的品类管理人员，当他看到这个营业员每次都给客户试6双以上的鞋时，第一时间就判断出，这是一个很重要的行为，正是这个行为导致成交量的提高。因为他的心中是了解大部分鞋类营业员的行为是什么的，绝大部分营业员是客户提出试哪双就试哪双，才不会根据客户的喜好主动推荐呢。虽然说销售是相通的，但是不同类产品的销售都是有特殊的方法的，这些方法你不在这个行为内是不会了解的。而技术问题更是千差万别，作为一个局外人更不可能了解到关键细节，更看不出重要差别，这就有可能与关键行为失之交臂。

3. 有效执行是根本：促进行为发生改变

找到关键行为的目的是促进员工行为的改变，而不是仅仅变成一个汇报材料或者简单的培训。你必须要有一系列的措施保证这些改变能够真实发生。我们在本书的开篇就讲到，在培训柯式四级评估中有一个巨大的鸿沟,就是第一、二级与第三、四级之间是无关的,也就是说在大部分情况下,行为改变没有发生,那绩效的提升也就是镜中月、水中花。

建立必要的驱动系统

牛顿第一定律指出物体要改变运动状态必须要有外力的作用,在行为层评估的众多步骤中,或许最重要的一步就是建立行为改变需要的驱动系统,给员工施加一个外在的作用力,驱动他的行为发生改变。这些驱动力不仅能为员工的关键行为改变提供支持,而且也能赋予他们行为改变的责任感。

必要的驱动系统是指能够监控、强化、鼓励和奖励学员在工作中进行关键行为改变的措施和流程。

支持关键行为改变的驱动系统是我们实现行为改变的核心关注点。这些驱动系统能够帮助员工树立正确的态度,鼓励他们在工作岗位上尝试新的行为。

建立必需的驱动力并没有想象中那么难。先选择少数几个关键项目或者流程来制订行为层评估的计划。在制订该计划的时候,一定要从绩效结果开始,根据想要达成的业务结果进行反推,从而寻找和确定那些最有可能帮助达成业务结果的关键行为。

将关键行为的数量限定在一定的范围。关键行为的数目并不是越多越好。相反,关键行为的数量过多很容易让员工感到困惑,同时也会给培训的后期跟进及强化工作带来管理上的困难。

我们在给一家通信运营商开发销售类课程时发现,有一家手机专卖店的业务发展量惊人(现在手机零售店大部分都会与通信运营商合作,帮助运营商发展业务)。我们了解到这个变化主要是因为一名促销员的到来而发生的,这个店在她去之前,也有一个促销员,一个月卖4~5个宽带,她去了之后,她一个人一个月的销售量是80个宽带。那她是怎么做到的呢?我们找到她的时候,也是问了这个问题,她说"我就是这样做的呀,不是太难的,用户挺配合的,我们的产品确实好。"

但是我们知道这些肯定不是主要原因,如果就这么简单,那早就把竞争对手打败了,接下来,我们让她回忆了几个最近的成交案例,然后把销售的过程描述出来。

在这个过程中其实还挺难的,因为对于我们来说她说的每一点都可能很重要,但对她来说这些动作和话术都说过无数遍了,还要不厌其烦地再说上几遍。

其实说完4个销售过程之后,我基本上已经知道了她的销售方法和一些关键的动作,加上与她的讨论,我们找到了一个成功最重要的动作,就是"给用户分析原来手机号码的账单",找到用户原来使用手机号码过程中一些不了解或者不清楚的消费。

为什么每次都要先去查用户的原有消费,而不是直接推荐新的业务。促销员告诉我们:"原来的消费坑可多了,你只要把用户情绪说上来了,成交是很容易的,你不说我还不觉得,被你们这样一总结,我确实用的是这个方法，只要查到用户的坑，其他啥都好说。"

然后我们就将这个动作作为手机零售店发展宽带的一个标准动作，要求所有门店进行落实，将每一个进店用户的消费账单拍照，与进店人数进行对比。

（注：手机零售店发展宽带业务的内在逻辑，是基于现今宽带基本绑定在手机号码上，手机号码账单包含了宽带费用，往往月账单数字金额很大，对于费用名目不清不楚，而这些不清楚的费用，便是上文促销员所说的"用户的坑"。）

通过这个访谈我们得到一系列的营销动作与话术，这个方法在初期实施时，是将全部的内容对营销人员进行培训，而且还开展了一系列的营销演练、点检，确保这些关键行为的内容有效地传递到每一名销售人员。结果是绩效提升产生了很大的差异，约有 5% 的员工绩效提升明显，其他 95% 的员工几乎没有提升，或是提升很少。我们通过暗访发现，这些结果的产生根本还在行为有没有发生有效的改变，那为什么培训到位了，行为改变并没有像我们预期的那样发生呢？就是缺乏了必要的驱动系统。

为了促进这 95% 的员工行为改变，我们重新建立了一个驱动系统。将培训内容减少到一个环节，就是你有没有帮助用户进行现有套餐的分析，这里有一个必要的动作，就是用手机 APP 查询用户现有套餐，把这个动作作为唯一的一个关键行为进行跟踪。然后通过配备相应的资源，只要在微信群中完成这个动作的员工，我们给予 5 元的激励，与成交无关，就这样一个简单的要求，超过85%的员工可以完成，绩效的提升就很明显。这就是一个简单的驱动系统，只有这样才能促进员工的行为改变能够发生。

有效传递关键行为

在培训时经常会出现这样一个事实：工作中需要执行的关键行为，与培训中所传授的内容往往脱节。因此，要确保你教给员工的，一定是他们完成工作所必需的关键操作。比如前面所讲的如何查询用户的现有套餐，你就必须在培训中将这个步骤讲清楚，在哪个菜单下看什么，这个信息对于客户意味着什么，要说什么话术。在培训中，加强相关技能的演练与模拟，不仅可以让学员知道他们应该做什么，而且还能提供一些练习的机会让他们亲自去做。

然而不幸的是，许多培训的着眼点都不在培训最终要达成的目标——使员工具备完成工作所需的关键操作行为，从而帮组织达成最理想的业务结果。如果培训的目标不是为了支持组织关键业务目标的达成，而是为了实现其他目标，那么，该学习活动就不能称为真正意义上的"培训"。例如，某些公司把培训作为一种员工福利或者额外的奖励，其培训目标是表达感谢或嘉奖员工。但这样做的结果往往事与愿违。这种类型的学习活动往往不能称作真正的培训，而应另当别论。

要促进员工行为改变，在培训前和培训中就开始为行为改变做准备。期望员工对行为的改变拍手欢迎，这是不现实的。因此，要趁早给学员灌输一些行为改变的信息，从而使他们更容易接受行为改变的评估。例如，告诉学员在培训后会有一个后期跟进，以帮助他们将培训中所学的知识和技能应用到工作中去。这些跟进工作不仅可以帮助他们成功地完成工作，而且对他们的将来也是一个投资和积累，从而更好地为企业做贡献。

与涉及驱动系统执行的经理及相关人员提前进行沟通和协调。向这些相关人员解释在对学员进行实际工作观察和提供关键行为转变支持方面，他们所应扮演的角色。在必要的时候，应提供相应的培训、辅导及工作辅助工具。作为培训部门我们不太可能关注到具体的执行过程，观察员工的行为改变是经理的分内工作，因为这与他的绩效直接相关，我们要做的就是给他们提供一些工具，一方面是促进行为改变的工具，另一方面是一些评估与反馈的工具，这些工具应包含在驱动系统中。

监控和衡量行为的绩效

行为的改变并不是一蹴而就的，而是要通过长期的努力与付出的。成人的行为习惯要改变，除非出现重大的刺激，否则是很难长期坚持的。因此在实施行为层的评估时，必要的监控与衡量是必需的。监控和衡量关键行为并不是很难也不会很昂贵。根据不同的公司或不同的培训预算，可采用不同的方法：

* 直接观察法。
* 对学员、主管、直接汇报人、同事，或客户进行调研。
* 评估实际的工作产出。
* 采用一对一的访谈或者小组访谈。

现在采用移动互联网的一些方式，极大地方便了对行为的监控，可以将以上的这些方法与微信、钉钉等结合，长时间、多频次地进行，可以在短期内促进行为改变。

要降低与实施行为改变评估有关的各种担忧是相当复杂的。但是，我们可以通过对下面两个关键问题的回答来化解这一难题：一是在多大程度上，员工将培训中所学的知识应用到了他们的工作中；二是如果没有，原因是什么。如果学员回到工作岗位后的行为改变达不到期望，对这两个问题的回答能提供相应的路线图，以帮助寻找合适的干预手段。不能准确地回答这两个问题将妨碍我们找到正确的解决方案。

持续不断地监控和衡量行为改变，能够让你在原计划的基础上做一些调整。对关键行为转变及驱动力的同步监控，将有助于及时获得相关的信息和数据。根据这些信息和数据，你可以对原有的计划做出策略性的调整。只有这样，才能真正确保培训中所学到的关键行为能够运用在工作上。

如果发现学员在工作中没有应用培训中所学的关键行为，你可以增加驱动系统的使用。如果学员应用了关键行为，但仍没达到期望的业务结果，你应该与学员的经理配合，共同商定在培训之前所确定的关键行为是否是正确的。

对于在岗应用状况的监控，也能帮你获得一些数据信息以确认培训的有效性。如果学员能展示如何操作这些关键行为，但却不在工作中应用，这说明问题不在于培训本身，而是工作环境的某个方面出了问题。

监控和调整的流程是为了确保行为改变始终在正确的道路上前行，更重要的是为了促进期望的业务结果的达成。这样一来，也能强化关键行为萃取作为达成组织目标的关键环节的地位。

第三章 找到关键行为

我们知道,可以用一些"小办法"来解决"大问题",这些"小办法"就是关键行为,就是绩效提升的支点。那去哪里找到这些关键行为呢?我们认为在大多数情况下,关键行为一定蕴藏在你的团队中,我们要有一双善于观察的眼睛,去发现那些显而易见的结果与绩效差距,并与这些业务专家聊一聊,找到他们的"独门绝技",这可以给你的团队带来巨大的绩效提升。

一、确定选题

1. 从业务目标出发

在开始进行关键行为萃取之前,我们必须要清楚地知道做这件事情的业务目标,在这里我们更加强调业务目标,而非组织目标。比如我们常说的组织目标有这些:

* 提高公司利润水平

* 提高客户满意度

* 2019年公司的收入需完成10亿

什么是业务目标？简单地说就是一个具体的KPI考核指标。为什么我们仅仅关注业务目标而非组织目标呢？在实践中发现，影响组织目标的因素很多，仅仅靠关键行为萃取所能影响的范围比较小，不太容易在组织内部形成共鸣，但是一个具体的业务目标的达成，可能就会受到一两个具体措施的影响，能够比较明显地看到绩效的提升。

业务目标的三个来源

业务目标从哪里来？从解决关键问题中来。

第一是日常业务中的重点指标。如果你是一个企业的部门负责人，你心里一定是清楚的，那如果你只是一个主管，可能需要和你的直线经理去确认，这是最简单的方法，就是关注本部门或者团队目前面临的最主要绩效目标。你这个月在KPI指标上占比超过20%的项目，而你目前完成得并不理想，一定就是你这个阶段的重点事项。

第二是关注机会点。你的团队目前横向对比。某一项绩效明显比其他团队低，这种低与其他资源没有太大关系，那也可以成为你关键行为萃取的目标。从理论上来讲，别人能做到90分，你就不应该长期保持在60分，这里一定有方法与技巧。关注机会点不需要去关注这个差距是如何产生的，重要的是别人是如何做的，我们能不能参照这个方法进行执行，一切向前看。与其花精力研究问题产生的根源，不如多花点时间关注如何促进员工行为改变，提升绩效。比如斯特宁的故事，他并没有关注这个问题如何去解决，只是看到既然有人能做好，那就找到这个关键行为进行复制就可以了。

第三是关注问题点。问题点就是一直没有较好的解决办法。其他的团队可能也和你差不多，但是这是一个公司重点关注的目标。现在没有办法不代表这个事情不可为，只是我们到目前为止没有找到可行的办法，说不定在某个业务专家身上就有完美的解决方案，只是还没有被发现。比如博比的案例，史密斯先生的做法一直就存在，只是没有被发现而已，墨菲先生只是从博比的口中知道了这个行为，然后将这个方法告诉了其他老师，就解决了这个长期困扰校长的问题。

以下这些都可以成为关键行为萃取的目标：

* 提高新产品的推荐率

* 提高加客户微信的成功率

* 提高设备检修效率，降低停工期

* 降低客户现场投诉对营业的影响

* 提高节日免费班车的运营效率

* 解决电话拜访中客户快速挂机的问题

业务目标可大可小，小的比如加用户微信，大的比如提高某项产品的收入等。在实际的经验萃取中，我们的业务目标就表现为选题，这个选题是一个萃取的方向，如果是小的选题，你就去找有没有这些方面绩优的员工；但是如果是大的选题，如产品收入，可能不止一个因素影响这个业务目标，我们不能依靠这个选题去寻找伙伴并进行访谈，还需要进一步明确业务场景，根据细分的业务场景来找到业务专家。

在实际应用中可能没有这么复杂，作为业务部门的专家最重要的是要对异常有足够的敏感，因为异常就是差距，我们要记住这四个字"事出有因"，任何绩效的异常提高或者下降都一定有内在的原因，当然这些原因不一定是因为员工的行为，但是也不排除会有员工行为因素。我的学员给我的反馈，在实际工作中最容易发现异常的是数据，也就是你经常看到的报表或者通报，这些优秀的员工或者团队就是你关键行为的最重要的来源。还有一类也很重要，但是经常被忽视，就是日常工作中的不同做法。我们前面讲过一个加微信的案例，这个案例的来源很有意思，因为要与一家旅游企业做绩效改进的交流，我给这家企业做了一次电话暗访，一共打了四通电话，其中有一个人加微信的话术与过程和其他客服人员的明显不一样，后来在交流时就重点了解了一下，得到了这个案例。

作为培训部门如何确定业务目标

要找到以上两点所说的业务问题，最有效的方法就是和业务部门的上上下下多进行各种正式的和非正式的沟通。在沟通的时候，围绕他们的工作主要询问两个问题：

（1）你们都在做什么？你们想达成的目标是什么？

（2）在达成目标的过程中，最大的问题和挑战是什么？出现这些问题和挑战的原因是什么？

针对第一类问题，还可以延展出很多小问题。假如你直接询问公司的事业部老大或者业务经理，下面的小问题能帮助你更加深入地询问。又或者向业务老大询问这些问题可能显得我们太外行了，你可以悄悄地和其他的业务经理们进行沟通，你的目标就是要获得下列问题的答案，不同的人可能有不同的看法，都去听一听，然后形成自己的判断。

* 我们的收入来自哪里？哪些产品收入影响比较大？
* 今年的重点业务目标是什么？
* 最重要的业务增长驱动因素是什么？
* 要如何达成业务目标？具体的做法是什么？有人这样做成功吗？
* 哪些岗位或者哪些角色对于实现我们的业务目标是最重要的？他们如何发挥作用？

这些信息不一定要能通过非常正式的会谈获得，反而是类似午餐、闲聊等形式更能得到更多真实的信息。

针对第二类问题，也可以延展出如下的小问题：

* 今年达成业务目标的难度如何？如果有难度的话，都是什么？
* 你能感知到哪些是达成目标的不利因素？这些问题有人解决过吗？
* 对于这些障碍和问题，你打算如何解决？为什么你优先选择这

种解决方法？

当然，不是所有的业务问题都是我们能解决的，不同的业务问题，我们可以从哪些角度去业务部门解决，那就考验我们的专业能力了。在人才发展领域，各种技术层出不穷，人才测评、领导力发展、行动学习、引导技术等都是非常有效的手段。在这里，我们只讨论哪些问题是可以通过"关键行为萃取"这项技术来解决的。

关键行为萃取，本质上是从优秀员工身上挖掘经验，并且复制推广到普通的员工身上，从而从整体上提升部门绩效，解决部门的业务问题。

2. 如何选题

细分业务场景

"场景"一词来源于电影，是指"特定的时间、特定的地点、特定的任务和特定的事件构成的一个画面"。这个词被广泛应用在互联网行业中，就像一个电影片段，你可以清晰地说出：这个片段中的人物是谁、这个片段描绘的是一个什么事件、这个片段在哪里发生的、这个片段是在什么时间发生的。工作任务相对来讲依然是抽象的，我们需要找到这个工作任务的具体场景，也就是目标对象每天的工作内容、发生的行为动作。

大部分业务目标是不能作为行为萃取的选题的，这些目标太宽泛，我们还要进一步对业务场景进行细分，如上面的一个业务目标：提高新产品的推荐率，可能涉及销售话术的指导是否到位、宣传或者销售工具、激励是否有效等，这些都是具体的业务场景，我们的行为萃取一定要围绕这些具体的业务场景来开展。

行为萃取的选题要关注的是行为工程模型的环境因素，我们不能把行为萃取的选题定在提高员工的销售技能、提高员工的主观能动性等方面，这些都是行为工程模型的个人因素，这些因素有效，但是不会在短期内提升绩效。

选题必须要对业务目标有支撑作用

当我们确定好业务目标后，首先要明确的就是关键行为萃取的选题，怎么确定选题呢？就是对业务目标的影响因素进行细分。这些细分的目标，也就是关键行为萃取的选题一定能够促进业务目标的达成。从行为工程模型上来讲，细分的选题就是对照业务目标，去分析在这六个层次上的行为是否有改进的空间，或者有成功的案例。

比如这个课题"在四周内将某区域新产品的销售量提高到大区的平均水平"，就上面的分析来看，我们罗列了以下一组选题：

* 培训政策：将政策信息有效地传递到渠道商负责人。

* 督促考核：督促代理商制订专项激励与考核方案。

* 培训政策：将政策、操作、激励等信息有效地传递到全体销售人员。

* 制订脚本：制订有效的销售话术及应对脚本。

＊制作案例：制作销售成功案例及产品包装示范。

＊开展演练：开展销售培训及一对一演练。

在这里，就应该和业务的负责人多进行沟通和确认，找到从哪个任务开始进行萃取对解决业务问题最有帮助。千万不要从自己擅长的、习惯的入手。我们很多管理者有一个惯性，销售不好一定是销售培训做得不好，最重要的就是销售话术和案例，我们把这些都教会了，怎么可能卖不好？其实这也是大多数人的思路，现在我们清楚了，一定要从行为工程模型去分析，环境因素的问题解决了没有，如果第一层的愿景与目标没有解决，那再好的话术案例也是没有意义的。

大量的关键行为萃取都会涉及销售类的工作，如果你将萃取的目标就明确在销售行为本身，那最重要的就是要将销售过程中的步骤搞清楚，每个步骤的关键动作找出来，这些行为与动作对业务目标是如何支撑的？有没有相关的数据来证明，最终找到能够对业务目标产生影响的、具有引领性的行为，那这些就是关键任务。

选题并不是一成不变的

我们认为，关键行为萃取的选题确定好以后，并不是一成不变，会随着萃取的过程、行为的不断清晰而变化。比如这个新产品销售案例，原来的关键任务可能就是销售话术，但是随着与渠道商老板的沟通发现，这个并不是最重要的选题，这就需要在过程中不断地调整，去看看其他区域在这个任务上是如何完成的。

比如，有一次我们萃取一位基层团队队长，关于如何有效地开展社区地推活动，原来萃取的关键任务就是社区地推活动组织。在萃取的过程中发现，大家的做法和行为差不多，并没有太明显的差异。随着访谈的逐步深入，发现有一些关于激励与支出的做法与其他省级分公司不太一样，更加灵活，这些方法对于长期开展此类活动是非常重要的支撑，但是这些内容在团队队长的层面只是一个执行层，那在这里，这个萃取选题可能就要做一些调整，就是如何做好社区营销活动的财务支撑。

从绩效改进的角度来讲，我们在萃取的过程中也需要不断地对获得的内容进行 BEM 分析，看看这个是哪个因素的解决方案，如有时可能会觉得去培训人员的技能很重要，但是业务专家可能就有一些比较好用的工具，那就要把目标放在工具上。有时可能我们觉得比较难解决的问题，但是业务专家可能改一个流程改一个先后顺序就解决了，在萃取的过程中要不断地反思，这个经验是在第几层，层级越高就越容易复制，而第六层人员的动机，从经验萃取来讲是没有办法去涉及的。

两大类主要的业务场景

作为人才发展部门，培训是一个常见的工作任务，培训会有很多不同的业务场景。比如，有面授培训、有线上的分享、有网上视频直播；面授培训可能又可以分为课堂讲授、一对一培训、实际演练等，我们把这类业务场景称为主观任务，这类任务的特征是任务发起是主观的、可控的，工作过程是连续的、带有步骤或者流程性质的任务，针对这类工作任务可以从工作的目标对象、实现方式、工作职责等方面进行场景划分。

还有一类我们称之为客观场景，这类场景的特征是任务的发起是不以自己的主观意志为转移的，但是这些场景是可预见的、可分类的业务情境，工作过程主要是要识别出这类场景的特征，根据场景的特征开展针对的动作。针对这类工作任务主要是从客观发生的业务情境来进行场景分类。比如，销售案例中可以根据客户的行为进行分类、互联网的业务场景中可以根据客户的画像或者行为轨迹进行分类等。

在进行业务场景划分时，一个工作任务并不是只包含主观场景或者客观场景的，绝大部分情况下都是交织在一起的。比如说培训这个工作，基本上是属于一个可以按照主观意愿进行业务场景划分的，但是在具体业务场景划分时，可能也会碰到一些障碍或者危机处理等方面的内容，这些内容就是客观场景。

我们需要做的是区分是主观场景还是客观场景，特别是如果这是一个客观场景的工作任务而却被当成一个主观场景，那在应用的过程中就会出现难以落地的问题。我们还以销售来举例，一般来讲，大客户销售我们可以理解成是一个既有客观场景又有主观场景的工作任务，在什么时间点做什么工作还是有一定的主观意愿的；但是我们发现很多零售企业在给营业员进行培训时也按照大客户的一套方法和路径进行培训，这就有很大的问题。零售的特点是客户的不确定性，而且客户的行为有很大的偶发性，在销售过程中你是不太可能按照一个步骤开展的，有可能上来就需要推荐产品，或者处理客户的反对意见，所以这就是一个典型的客观场景，针对这类场景最重要的是将客户情况分清楚，需要具备哪些能力、哪些动作、什么时候触发这些动作，而不是一个销售几步法能解决的。

同一个工作任务可能有不同的业务场景

同一个工作任务，由于每个人的认知不一样，就有可能造成不同的人、不同的部门、不同的公司的业务场景的不一样。

比如我们举的新产品销售案例中，有一个工作任务是给渠道商传递新产品的相关信息。就这样一个工作任务，具体的业务场景有可能会比较单一，就是培训或者开会，但是如果更具体地来讲，这个会怎么来开，就会产生不同的业务场景。

大部分业务单元可能就是简单地将代理商召集到一起，然后对政策和业务内容进行单一的宣讲，会上可能会有些讨论，然后大家回去就可以做了，有什么问题再沟通。

我们在萃取的过程中发现，有一个单元不是这样做的，而是先找到他们认为有一定潜力的代理商进行先期沟通，他们在讨论的过程中根据业务的特点确定了这样一个标准：代理商相对年轻，30岁左右、终端销量相对较大、团队人员比较稳定。这三点主要考虑的是年轻人比较容易接受新鲜事物，愿意尝试；终端销售量大说明对这个业务的潜在需求大，最终的收益会比较好，有示范作用；团队稳定说明代理商有一定的团队意识，执行力应该相对较好。挑选了两位代理商进行单独沟通并试点，从公司的老总、基层团队长、渠道督导各个层面与代理商进行沟通，大约一周的时间起量，而且在这个过程中发现了一些很好的做法，再组织代理商会，请这两位代理商老板现身说法，然后再进行业务及操作层面的培训，效果极好。

同样的一个工作任务，在具体落地时就可能产生很大的差异，这就是在业务场景方面的差异，这些差异就有可能是我们要找的绩效改进机会点，并不一定是要等到行为层面才会有差异，在业务场景方面的差异可能会带来更为显著的改进效果。

了解业务场景的一般行为

在细分业务场景时，我们需要做的是了解到这个业务场景中，普遍的流程与做法是什么，而且要访谈更多的普通员工进行对比确认，这样才有可能在访谈业务专家时找到关键行为。当然对于大部分人来讲，其本身就对业务相当熟悉，甚至可能就是他平时工作的管辖范围，那就更没有问题了。

对于大部人来讲，如果需要在短时间内去学习一项工作的每个业务场景，并且熟练地说出这个场景的一般做法是很难的，在访谈时敏锐地识别出关键的行为差异更是困难重重，因此我并不认为一个外部专家可以针对大部分的工作开展经验萃取的工作，现在有一些经验萃取确实是一些外部专家在做，但是基本上是在一些通用领域的内部应用上。

比如销售，这个事情无论是大公司还是小公司，无论是大客户还是小客户都是有基本规律的；还有投诉、服务、沟通、管理等，这些都有一些通用型的方法，因此是能做的。但是如果遇到一个外部专家让你去萃取一个养猪如何提高瘦肉率；在安装光纤宽带时，熔纤过程中如何提高成功率等课题可能就够呛了。

因此在专业领域我们认为还是将方法教会给这个领域的管理人员，他们对这个业务场景相对是熟悉的，不需要去重新学习，然后对这个场景下的业务专家进行访谈，才有可能萃取到关键的行为。

二、确定合适的业务专家

在选取业务专家时，首先要注意的是乐于分享，这是作为访谈对象最需要的，如果碰到一个不愿意分享或者因为一些原因不能分享的，那你的萃取过程会变得无比痛苦。从我的经验来看，来自一线的业务专家都还好，大部分对于分享这件事情不排斥，结合一些访谈的技巧，是可以把细节的内容了解到的。反而是一些中低层管理人员，对于分享这件事情比较敏感，可能基于公司内部竞争的问题，我的方法给你用了，你超过我了怎么办？或者因为上级的压力，觉得不能分享或者因为这件事情本身也有一些问题等，会有各种各样的问题。

在寻找访谈伙伴时，我们一定要预先对访谈对象做一些基本了解，对于那些特别保守的人应该尽量避免。我们总能在公司内部找到那些具有分享精神，同时又业绩优秀的业务专家。

1. 熟知与力行"5E"

每个人（Everybody）、每件事（Everything）、每一时（Everytime）、每一物（Everyone）、每一处（Everywhere）。

这五个词非常简单，大家一看就很容易理解，就是要找亲自参与的人来开展关键行为访谈，因为只有参与进去了，亲自实践了才知道这里会有什么困难，哪些方法比较管用，客户有哪些反应。只有亲自参与了销售过程或者案例的组织过程的人才是有发言权的，才有可能了解到真实的内容，才能总结出更多的干货。

所以我们在这儿再强调一下，我们讲的是熟知和力行，是 AND 的关系，不是 OR 的关系。

主要场景下的业务专家

在这个环节大概会有这样几个不同的场景：

一是做个人关键行为萃取。这些萃取相对比较简单，要找到这样的人也比较容易，你只需要找到合适的结果，再通过结果找到人就可以了，或者请各单元推荐优秀的销售能手进行访谈；还可以通过一些原始的录音、录像资料进行分析萃取。

二是活动组织或者工作任务类的行为萃。这个相对就会复杂一些，因为一个销售组织活动包含了太多的阶段和环节，一个人不太可能了解这些环节的全部细节，因而在访谈的过程中就需要找一个团队，但是实际上这种操作会比较难。我一般采用的办法是先访谈组织的人，如团队队长，在了解了大概框架之后，再逐一找相关的人进行访谈，最后再找团队队长进行印证，这样效率相对会高一些。

三是进行课程开发。这个要找到合适的人难度比较大，如在给某集团公司做"客户经营"的课程开发时，我们找了当时重庆一家中心厅的店长，他个人的经验也很丰富，在门店内开展了大量的客户回馈活动，但是在现场访谈时发现，他们门店的这些活动有很多都不是他亲自操作的，一些细节根本就提取不出来，等我们问完他，他再去问其他人，提问的效果就打了折扣，内容的有效性也差了很多。我们经常会碰到一些集团课程开发，来了一些省市公司的社区总监或者主管，虽然经验也很丰富，但是一说到具体的做法和细节都不是特别清楚，内容就不能得到保证。因此做这些课程开发时，选合适的人是特别重要的一个环节，而保证选的人能够来也是很重要的。每一个来参加行为访谈的人都亲自打电话沟通，如果来不了，推荐人选也是先沟通，符合做业务专家标准的人才能来，这样才能保证内容的质量。

2. 具备较强的表达能力

在日常的工作中，我们通常会通过案例征集的方法找到一些业务专家，对于这些业务专家必须要进行分类，一定有一些是比较善于表达的，你问他一个问题，他能给你讲一个小时；也一定会有那些你问他一个问题，他就回答你一两个字的，或者就是"我也不知道呀"之类的。在选择访谈对象时，一定要优先选择善于表达的，不然你可能会事倍功半，很难达到预期的效果。这时不要纠结于这个人的绩效是不是最优的，我们并没有说在选择访谈对象时必须要最优的，只是相对绩优同时能够找到行为差异的。实在不行，那个最优的真的有什么"独门绝技"，那在访谈时也要放在比较靠后的位置，先通过其他专家的访谈积累一些业务知识，这样在与这些会做不会说的业务专家进行沟通时，能够多一些共同语言，更容易激发出他表达的欲望。

熟知与力行，以及善于表达是选择访谈对象必不可少的条件，如果不能做到这两点，那你的萃取过程很难保证会有什么好的结果。此外，如果你的访谈对象是逻辑性比较强的人，那就更好了。这个更好只是对于一个业务不太熟悉的人来说的，他可能已经帮你整理好了第一步、第二步、第三步，或者哪几件事情之间的关系是什么，你只要认真记录，并对他所讲的内容进行澄清就可以了，后期的知识构建会节约大量的时间和精力。

3. 激发业务专家的分享动机

对于大部分人来讲，是认识不到分享所带来的收益的，可能很多人认为培训师应该是最具有分享精神的一批人，但是我看到过也听到过大量的人对培训师的保守的评价，在讲课时对于关键细节不愿意多讲，甚至包括一些企业的内训师。虽然有些经验过几个月或者几年就没有什么用了，但是人的本性都是趋于保守的。因此在组织内部如果能建立一些分享激励机制，对经验萃取来讲就会带来比较大的帮助。

作为萃取师，我们在与业务专家的沟通中，有一点是需要重点强调的，这也是我个人的经验所证明的，那就是萃取经验的过程虽然后期的复制对其他人都有帮助，但是帮助最大的就是业务专家本人。特别是有一些业务专家可能自己也不知道是怎么成功的，就是处于一种自发的阶段，他自己可能也不知道关键点在哪里，通过萃取专家不断地提问、质疑，他自己也会思考，然后就逐渐地清晰，最终自己也能得到提高。

我们曾在一个项目中访谈过一位业绩突出的零售业人士，最初一直问不出东西。随后我们把他的销售行为与其他营业员进行对比，发现他习惯多说一句话："办不办没关系。"这句话说了以后，成交率提高了50%。我们尝试将这句话放在门店内做推广，很多营业员试过后反映成交率都有提高。我们了解到，在访谈前，其实这位绩优者也并非每次都有意识地运用这句话来促成成交，更像是无意识地，而经过这样一次萃取，他在之后的工作中更加自觉地践行，其业绩也得以再次提高。

萃取后，大部分业务专家就能从自发地使用到自觉地实践，而且他会比其他人更加认真地去执行，因为这个事是从他这儿出来的，所以他所获得的收益往往是最大的。

当然如果能采用一些激励的方式就能更好地激发分享的动机，比如可以采用绩效加分、现金激励或者承诺署名等物质或者精神的方法来营造内部分享的文化。

前面提到的"客户经营"在案例开发完成后，根据全国三十多位店长的案例，编写成了一个案例集，作为课程的教学辅助工具，这个案例集就署上了每一位案例提供者的名字。

某企业有一个获提ATP大奖的渠道培推项目，根据最佳实践萃取出来的手册也是署名的，这都能给业务专家带来内心的满足感，这些满足感不是现金激励能够代替的。

三、访谈业务专家

1. 开始访谈

访谈就是一次对话，这次对话能否取得成功，不仅仅在于业务专家，作为访谈者你负有更重要的责任。相比较而言，业务专家处于一个相对弱势的地位，甚至有可能在与你面对面之前根本不知道要做什么。我们要做的就是让业务专家放下戒备，畅所欲言。

建立安全的场域

从本质上来讲，任何一次关键行为的访谈，业务专家在一开始都是抱着强烈的戒备心的，这些戒备心有可能来自对陌生人的抗拒，也有可能来自对自己的不自信，更有可能来自私心，不愿意分享，因此在环境和心理上建立一个安全的场域是一次成功访谈的开始。

你会在一个什么样的环境与人聊天？星巴克的咖啡馆？还是公园的长凳上？或者公司的一个小会议室？这几个选择都是不错的。我们的建议是要尽量营造一个轻松的聊天环境，不要变成一场正式的对话。在场所的选择上要避免在一个大的空旷的会议室，最好是 10 平方米的小型会议室，记得要有窗户，不要显得太封闭，会议室不要有太多的家具陈列，有一到两盆绿植点缀一下就可以了。

访谈最好是一对一地进行，这样对业务专家来讲会在心理上有安全感。我们看到一些行为访谈会多人一起进行，这会造成信息的相互干扰，A 专家说的会影响到 B 专家，造成人为的一致性或者是引起争论，这些都是没有必要的。另外要避免的是业务专家的直线经理或者相关同事一起参与访谈，这会影响业务专家的表达，他在表达时会下意识地去看直线经理的态度，然后再揣摩一下这句话应该怎么讲，这个信息可能就失真了；从另外一个角度来讲，直线经理有可能没有经过专业训练，极有可能出现错误的回应，这也会影响到业务专家的表达。

当你把会议室准备好，你就可以邀请业务专家来开展一次访谈之旅了。进入会议室以后，我建议你与业务专家呈 90 度落座，而不要面对面，这样显得太正式，也不要肩并肩，那样显得太亲密，最好就是直角落座。

接下来你就可以说开场白了，不要指望其他人会告诉业务专家他今天的任务是什么，没有人会帮助你来做这件事情。开场白需要包括以下内容：

* 你得先做自我介绍，说清楚自己的身份与工作。比如，"我是来自人力部的×××，主要负责公司业务培训的组织和课程开发的相关工作。"

* 然后表明这次访谈的目标，让对方清晰地知道这次访谈的目标是什么，有利于营造安全的氛围。比如，"这次来的目的是找到关于新产品销售方面的一些优秀做法，你们部门希望在这方面的业绩能有所提升。"

* 说明找到业务专家的理由，是什么原因找到了他，一定要有理有据，实事求是。比如，"根据部门提供的报表，你这两个月在这方面的业绩排名第二，另外部门经理认为你的销售业绩一直很靠前，给我们推荐了你来做这样一次访谈。"

说完开场白并不需要直接进入正题，你还需要过渡一下，业务专家真的是没有心理准备的，而且如何与一个陌生人聊天也需要一个适应的过程。这个阶段可以聊聊工作背景相关的内容，这会让人觉得安全，比如，什么时候进公司的、目前工作的情况如何啊、具体从事什么岗位，虽然这些信息你可能都了解，这不重要，重要的是你需要让业务专家开口，这时如果能找到这些信息中与你有关的点那就最好了，比如，他的一个同事和你关系比较好、你们都同时喜欢 NBA，那可以先聊一会儿。

当双方比较熟悉以后，才可以开始正式的访谈，访谈前有一个环节必不可少，就是记录的准备，当你打开本子时，对方一定是会紧张的，这时要做一个声明：这些记录只是用于课程开发，仅限于自己查看。有时可能还需要录音，那一定要先征得对方的同意。

最后还要提醒一个关键细节：就是手机。作为访谈者，你的手机可能在用于录音，在录音打开后一定要倒扣在桌子上，有些手机在录音时屏幕会时不时地亮起来。如果没有用于录音，最好的方式是不要带进会议室，如果一定要带也要打开静音，放在包内，访谈期间访谈者是严格要求不能看手机、回微信、接听电话的。对于业务专家来说，只能建议把手机调成静音，尽量不要因为手机的问题打扰到陈述就可以了。

保持中正与好奇心

为了更加接近客观事实，访谈者与业务专家之间潜在的扭曲意识必须被消除。这需要访谈者拥有高度的公正，并且表述问题的方式能够使业务专家给出符合实际的答案。"什么是影响你决定的因素？"会得到一个比"你为什么做那件事？"更加准确的回答。后者会让业务专家给出一个他认为访谈者希望听到的答案或者是一个防御性的辩解。

好奇心与不加评判是访谈者能够鼓励业务专家分享的核心所在，

也是确保萃取结果的正确与完整的根本保证。在这种状态下，要求我们把自我意识暂时放在一边，全身心地去关注业务专家所说的议题，不要去关心自己的目标，我下一个问题需要问什么，只需要全情地去倾听，在这一刻对业务专家所说的一切保持开放的心态。在这个过程中，我们过往的工作经历、生活经历，甚至是年少时的底层记忆都会让我们对别人说的任何内容加以评判，为了更好地维护好这样一个访谈的氛围，不加评判是至关重要的。在实际的访谈中，我们要学会对业务专家所说的所有内容都说"好的"，而不是根据自己的经验去妄加揣测，更不要去质疑，只需要保持好奇心，专心聆听就够了。

2. 精确聆听

在专家访谈的过程中，最重要的一个标准就是保持客观与发现事实。但是客观性易受到业务专家的观点、评判、期待及个人经验的影响，同时也会受到萃取者的情绪、态度、反馈的影响而发生扭曲。大多数人认为他们自己是客观的，但是绝对的客观并不存在，我们在一定程度上做到客观已经很好了，当然我们要尽量做到离客观越近越好。

描述而非判断

在访谈过程中，访谈者应该使用，并尽可能地鼓励业务专家使用描述性的词语，而不是评判性的词语。这有助于保持一种超然的客观，减少扭曲的、起反作用的自我批判。

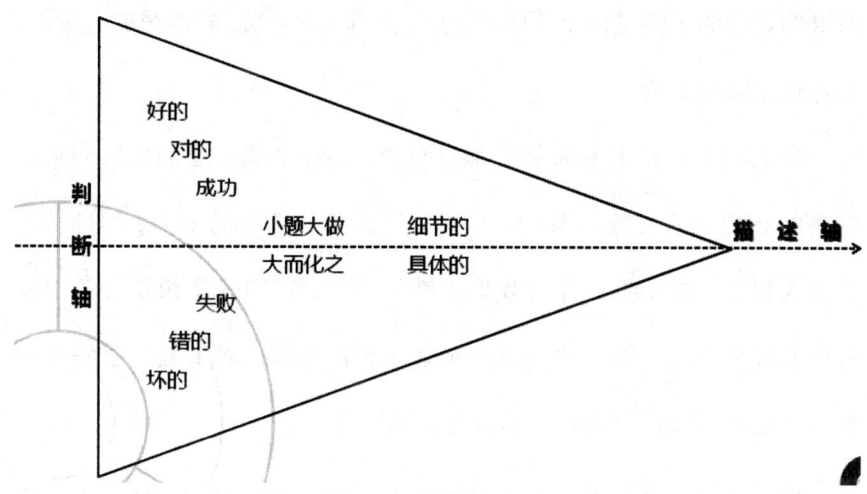

在通常的访谈中手忙脚乱的词语以及许多管理层的互动通常会落在左端。在访谈中，我们应该试图向右移动。我们的语汇越是具体和富有描述性，带有的批判可能越少。

需要注意的是越接近横轴越好。毕竟，如果仅仅知道我的表达能力不好，我能做的只有这些。如果有人反馈我的报告做得不好，我只好承认自己能力有限，但如果我得到的反馈是：听众的水平要求我的报告结构清晰、言简意赅、图例色彩鲜明，那么我将能够比较好地改进。当然，有些词，如颜色或者方位是纯粹的描述；另外一些词只有在一致的标准下才有评判的意义。还有一些词在大多数应用下本身就包含了一定程度的价值判断（如生动的或者软弱的）；有些甚至非常有评价性，如"好的""坏的"或是"对的""错的"。因此，不要仅仅告诉一个神枪手他没有射中——那只会使他感到难受。他希望知道如果他需要做出校准的话他的子弹是向上3厘米,还是偏右1.5厘米。描述增加了价值,批评通常降低价值。

我们的业务专家绝大部分都没有经过专业训练,他们会按照自己的判断和思维方式陈述案例,其间会遗漏绝大部分的细节,而细节才是最关键的。这一步骤需要我们不断地引导,特别是要纠正业务专家说的判断性语言,引导他们通过描述来反映事实。表1展示了一些销售中常见的判断性语言与描述性语言的区别。

表1:销售中常见的判断性语言与描述性语言区别

判断性语言	描述性语言
用户不想体验手机	我把手机给用户,他没有拿
用户不想成交	用户没有拿身份证
用户觉得号码很好	用户说"这个号码我很喜欢"
用户反感	用户皱眉,并且盯着我
这次的宣传效果很好	客户来的比预计多50%
用户不能换号码	用户说号码用了很多年了
用户觉得手机不错	用户给小孩拍了一张照片,笑得很开心
他们是愿意充值的	来的用户全部都充值了100元话费
我认同了客户	"是的,您说得是有道理的。"
我赞美了客户	"您今天运气真好!"
我没有硬推,退后了一步	"您先听我介绍一下,办不办都可以。"

跟随业务专家

好的访谈者会倾向于跟随业务专家的兴趣或是思路,并同时密切关注它们整体上与主题的关联。当业务专家将问题的各方面都阐述过并准备转换话题的时候，访谈者才会提出他认为被忽略的内容。如果业务专家看起来跑了题，一个问题如"这与你刚才说的内容有何关联？"会将他带回来或者揭露一个有效的理由。在任何一种情况下，这都让业务专家继续引导进程。

通过跟随业务专家而不是强调自己的思路，访谈者获得了业务专家的信任，因为后者的兴趣和需求得到了尊重。如果在访谈时，访谈者想基于自己的思路来引导业务专家，或者在访谈的过程中，不断地打断进程，对方会容易感到威胁并开始防御。如果那样的话，他对于已经发生的事情的描述就会被扭曲，从而美化事实，揣摩出你的意图，并根据你的意图来陈述。

当访谈者是这个行业的专家或者管理人员时，是最容易掉在这个陷阱里的，他们会下意识地去引导这个访谈的进程，当一个业务专家把访谈者看成一个威胁而不是支持的时候，你想得到真实结果的可能性是微乎其微的，但是如果反过来，他会更加愿意提起更多的内容，随之开放的心态和对话也就成为可能。

抓住谈话中的"草莓"

那要如何才能跟随业务专家，通过一个个独立的词不断地展现出整个案例的全貌呢？我们在这里引入一个概念，叫作谈话中的"草莓"。我们先来看一个生活场景：

好不容易遇到一位充满魅力的陌生人，但你们的交谈却仅限于陈词滥调的场面话，真是令人沮丧。你的心中发出无声的呐喊："天哪，我喜欢你，我希望你也喜欢我。此刻我们在一起废话连篇，我真希望我们的聊天能更加有趣、更有意义。你最想让我聊什么？"

有这样一种技巧，能将这种无意义的闲聊迅速转向更靠近意中人心灵的话题。我把它叫作"摘草莓"。当你和意中人闲聊时，密切关注任何与众不同的词语、奇特、异常离题的词汇，或者偶尔提到的地点、时间和人物。将那个词拣出来，因为它是通向意中人心灵的钥匙，通过这个词，你可以发现意中人真正喜欢谈论的话题。

假设你下班步行回家的时候，忽然下起了暴雨。于是你冲进最近的一家咖啡馆去避雨，你走进门，抖落身上的水珠，正要在桌前落座，忽然发现旁边的椅子上坐着一位美丽的陌生女子，你清了清喉咙，决心冒险一试。

"哇，"你说，"外面的雨下得可真大。"

她转过头看着你，貌似对你很接受的样子："对。"

你竭力找出更多废话来继续聊："嗯，你经常来这里吗？"

你的意中人似乎被你的开场白逗笑了，但却没有因此丧失对你的兴趣。"不，不经常来。"她微笑着说，"我只是进来喝杯热咖啡，顺便躲雨。"

你继续大胆地说道："看雨似乎越来越大了是吧？"嗯，这句话并不怎么聪明，但至少能让你们的交谈继续。

"嗯,是啊。"意中人耸耸肩,"至少对植物有好处。"

你俩朝窗外望了一会儿,然后收回视线,看着对方,你朝她微笑一下,你的意中人也挤出一个微笑。接下来你俩一时都想不出别的聊天话题,于是双双将视线收回,低头紧盯咖啡杯。一桩本已萌芽的爱情,眼看就要走到尽头。

真可惜,刚开始的时候多么顺利,你们的开场白相当愉快。你的意中人面带微笑,身体向您微倾,说明她对你持有接受态度。但是当最初的闲谈结束,应该开始更有趣话题的时候,你们的舌头却打了结。

请做一个小测试:在之前你们的谈话中,其实有一个新话题的切入点——我叫它聊天中的"草莓",但是你漏掉了。美丽女士的话语中有个词,如果你能将它拣出来,并展开详谈,就能将一场枯燥的闲聊变成迅速吸引她的尽兴畅谈,你看出是哪个词语了吗?

答案是:植物。

让我们回到你们聊天时不太有趣的那一段。就在你为"下一句我该说什么?"而苦恼时,她说:"至少对植物有好处。"那些心思敏感的猎手会立刻觉察到这里,这里有个暗示。也许你根本不知道黄水仙和蒲公英有什么区别,但植物显然是你新认识的意中人生活中的一部分,否则她就不会提起这个词。也许连她自己都没有觉察到,当时她在潜意识中大喊:"我真的很想谈谈植物。"

如果你能找到"谈话中的草莓",就永远不会让自己与意中人的聊天陷入废话连篇的僵局。倾听并寻找所有略感异常的词语,它们就是草莓的种子。将它们种进土里，让它们生根发芽，让你们的初次交谈开出令意中人难以忘怀的花朵。

在她抛出那枚草莓以后，你应该问："噢，你家有个花园吧？"也许她有一个蔬菜种植园、花园或者几个挂在墙上的花盆；也许她什么花园都没有，只是非常喜欢植物。虽然你现在还不知道答案，但你却明确知道，植物是她世界的一部分，不然的话这个词不可能从她的口中吐出。

现在，假设她没有说"至少对植物有好处"而是说"我觉得这场雨就像一场热带雷暴"，那么，你的意中人给你的草莓就是"热带雷暴"，由此开始谈话吧。

你可以这样说："哦，你去过热带地区吗？"她可能去过，也可能没去过，但至少对热带地区有一定的了解，否则这个词语不可能从她的潜意识中涌出。"热带"这个词对你来说也许只是描述雷雨的一个普通词语，但对于说这话的人来说，却可能和其他东西有着更加密切的联系。请学习做一个词语侦探。

假设她说："下这么大的雨，我的狗狗就不能出去散步了。"或者"是啊，大雨把我的泳池弄得满是落叶。"在这种情况下，"狗狗"和"泳池"就是带你通向与这位女士亲密交谈的门票。

现在我们很清晰要做什么了，就是要做一个词语侦探。在专家访谈中，我们的方法是一样的，就是要听出业务专家在陈述过程中任何一个新的、未被讲述过的、未知的、不理解的词语，抓住这些词语深入发问，让这些词语变成一颗种子，在谈话的过程中生根发芽，不断发现新的"草莓"。

那如何做到跟随业务专家呢？就是我们不要主动说出任何"草莓"，所有的"草莓"都应该是业务专家说出来，它就应该在那儿，我们要做的就是发现它，把它拣出来。

接下来我们来看这样一组访谈：

某通信运营商业务专家，在一次营销活动中，在"加载宽带"业务上做出了优异业绩，上级主管部门希望将他"加宽"做得好的深层原因发掘出并推广，特委派专业访谈者对其进行访谈。

（注：异网，指三大运营商对除自己之外的运营商称呼。外呼，指的是主动呼出联系用户。单宽带、单卡，是运营商对售出产品仅为单独宽带或单独号卡的称呼。）

访谈者：做了多少个？

专家：八个加宽吧。

访谈者：做了八个，这八个各是什么途径来的？

专家：外呼预约的大概有三个，然后老用户介绍过来的有两个，有两个就是过来看手机。

访谈者：买手机是吧？

专家：看手机，买手机，然后我们这边做了异网策反的动作。

访谈者：买手机策反。

专家：还有一个就是店长自己的一个亲戚。

访谈者：比如说三个外呼的，呼的什么内容？

专家：我们外呼一般这样，外呼的三种目标客户，一种是纯异网的目标客户。

访谈者：纯异网的目标客户？

专家：对，就是用户自己前期在这里买了手机，然后没有办我们任何的电信业务，门店营业员都有登记的，就是营业员自己整理出来的纯异网用户；第二种是我们给用户提供的单宽带；第三种是我们前期做了那个单卡，所有的手机销售出去，我们不是要有搭卡率嘛，一开始营销的时候宽带不一定能搭进去，那就是只搭了张卡，像这类目标客户，外呼他们过来再加载宽带。我们是分了三类这样的目标客户。

你听出来这里面的"草莓"了吗？是的，第一层的"草莓"是"外呼""老客户""看手机"，然后访谈者抓住了"外呼"这个种子继续深入，又出现了三个"草莓"，分别是"纯异网""单宽带""单卡"，接下来就继续让它们不断地发芽，不断地发现新的"草莓"，就能将访谈中的细节都找出来。

正确的回应

我们一再强调在倾听时要保持中正、不要有主观的判断、不要加上自己的想法与思考，要做到这些依然是很难的。我们看到最有效的访谈，在倾听时，访谈者的动作与语言都极为简单，动作最主要的就是点头，表示我在认真听，或者我听到了；而在回应时，说得最多的是

"嗯",依然是表示认同与肯定,这并不是代表我同意你的观点——我们不需要对业务专家的观点表示出任何态度,我们需要的是激发他继续说,这样就可以了。

除了以点头和"嗯"来表示肯定以外,还有一句话也是经常要用到的,就是向业务专家确认自己的理解是否正确,这里的理解就是对字面意思的理解。

错误的回应

我们说了,要做到这些很难,需要长期的锻炼和积累,更需要自我修炼与成长,那是不是这个事就做不成了呢?我们总结了几条错误的聆听方式,当然错误的"听"是没有办法测量的,因为没有太明显的外在表现,但是有些错误的回应就是错误的听的结果。

评价: 当业务专家说到某个行为或者观点时,用自己的专业知识对这个行为进行评价,如"我觉得这样做的好处是取得了用户的信任",或者"我觉得这个行为并不成功"等。很多人认为我只要不说差的评价就好了,其实好的评价也不要说。如果你经常性地对好的行为进行评价,如"这个方法与公司的要求是一致的"之类的,但是对其他的一些行为不进行评价,那业务专家就会产生疑问"是不是这个行为有问题"。因此要时刻提醒自己保持中正,不要评判,因为这对于访谈没有意义。

表达观点: 我在讲课时经常会请学员做一个练习,就是请一位学员上台来讲一个故事,然后请学员来提问,但是有一个要求,每个问题都不能超过 10 个字。我们在访谈时，特别是听到别人的一个观点，可能与你现有经验不同或者你很赞同，大多数人在回应时，或者在提问时都会先发表一通自己的观点，然后再提出自己的问题，这会对业务专家的表达产生干扰。更不能在提问时，表达一通观点，然后问"您觉得这样对吗？"作为访谈者，最主要的工作是听，了解业务专家行为的细节，你自己的观点并不重要。

建议：这是很多业内专家在做访谈时经常会犯的一个错误，我们不是说不能提建议，如果你觉得访谈过程中有一些问题确实有明确的答案，可以在访谈结束后提出一些建议，这样的感受会更好。在访谈过程中对于任何问题都不要给出你的建议，当一个人兴致勃勃地在讲他的故事时，你给的任何建议都会带来"我不想再说了"的效果。而且我们需要知道，你的建议也并不一定是正确的，一直到"文艺复兴"时期，地球人还认为太阳是宇宙的中心呢，你怎么能认定你的建议就一定是正确的呢？从另外一个角度来讲，即使你认为你的认知是正确的，那你怎么能在那一瞬间就说服对方接受你的观点呢？所以不要提建议。

比较：我们针对一个课题进行访谈时，往往会访谈多个业务专家，这时就会面临一个问题，多个业务专家的行为可能会存在差异。我们在针对行为案例进行细节访谈时不要对具体的行为立即进行比较，要把互相印证放到"回顾"的环节中去做。当业务专家说完一个完整的案例过后，可以就其中的某些细节深入交流，这时可以提出其他人的做法，来听一听他的观点。

前面的这四个回应，即使在访谈中出现了，还有挽回的余地，可以做一些补救和解释，然后继续进行，接下来的这四个回应是不能出现的，这会严重打破访谈的安全场域，导致访谈没有成果。

质疑：对业务专家的说法提出质疑，这些质疑可能来自你的专业知识，也可能来自公司的规定，特别是在一些销售行业，完全根据公司要求销售的优秀员工几乎是没有的，总是会找到一些灰色地带，或者一些变通的做法，你一旦对这些做法提出质疑，安全场域立即会被打破，业务专家会提高戒备，将自己包围在一个安全范围内，你就很难再得到一些有意义的信息。

争论：这是比质疑更加过分的做法。有时你对业务专家说出的行为和观点提出质疑，他可能还没有意识到，可能会就你的观点提出反驳，这时如果你还没有意识到你的错误，继续就这个话题争论下去，可能就会严重打乱你的计划，也会打乱业务专家的思路，得不偿失。

反对：这是最严重的错误回应，你要想一想找业务专家的目的是什么？你是来找他访谈绩效提升的关键行为的，并不是来检查他的工作的，这不是你的职责范围。业务专家的行为是否正确，原则上来讲与你的关系并不大，你是要从他的大量行为中，找到与绩效提升有关的关键行为，带动组织绩效的整体提升。

打断：这是一个基本常识，当对方在陈述案例时，要尽可能地多做记录，记录下来他陈述中的那些"草莓"，再根据这些"草莓"深入了解，而不要听到一个"草莓"就打断一次，就这个话题深入下去，这样就失去了整体感。一定是先让业务专家把行为过程整体讲完,再去关注细节。

3. 结构化提问

提问是访谈的核心技巧,能不能问出好的问题决定了这次访谈的质量。问题的提出是为了获取信息和细节,业务专家的答案经常可以提示访谈者下面该问什么问题。那我们应该怎样来提问呢?

开放式问题

在前面我们讲到要引导业务专家更多地描述而非判断,那我们如何引导呢?比如,业务专家可能会说"用户不接受",这时要问"那您看到了什么?"或者"什么使您有这样的判断?"在这一过程中,我们只要记住"5W1H"即可(见图1)。

简单地说就是提开放式的问题,开放式问题要求描述性的答案,

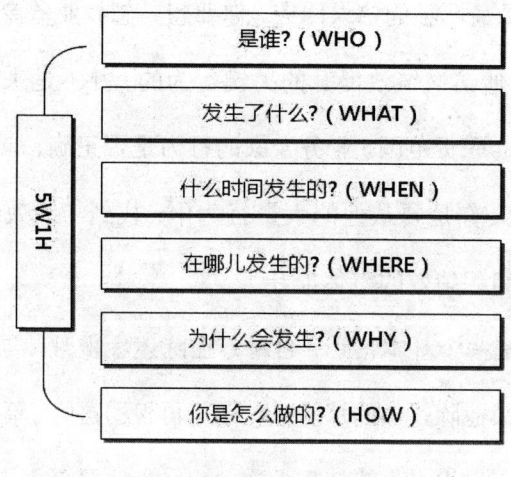

图1:"5W1H"提问法

从而促进觉察力,而封闭式问题是要求绝对准确的回答,"是"与"否"的答案封闭了进一步探索细节的大门。它们甚至不能推动人们的大脑运转。在访谈过程中,开放式问题可以更加有效地产生觉察力和责任感。在这里有一个非常简单的方法,教你提开放式问题,就是用"什么"或者"怎么"造句。

比如常用的提问话术如下:您说了什么?客户说了什么?你做了什么?客户有什么反应?你是怎么知道的?什么时间点做的?你当时是在什么位置?第一件事做了什么?谁说的?你和谁确认的?第一句话是什么?你观察到了什么?那你看到了什么?什么使你有这样的判断?这两件事情之间的关联是什么?

随着过程的逐步显现我们会发现,有一些描述的事实是存在疑问的。比如,在销售过程中业务专家说了这样一句话,"您的4S手机可以换了!"但是前面并没有描述他是怎么知道客户是4S手机的,这就是一个疑问点。这时,我们必须提出质疑,只有这样才能保证整个案例是真实全面的,不会漏掉任何一个细节。

最有效的问题应以寻求量化或者收集事实的词语开始,如"什么""何时""谁""多少"等。不建议使用"为什么",因为它经常意味着批评和引起防御心态。而且使用"为什么"和"如何"时,会引发分析性思考,这可能会适得其反。分析和观察是不同的心理模式,根本不能同时应用并同时达到最佳状态。如果需要对事实准确地报告,对其出处和意义的分析最好暂时停止。如果我们需要以"为什么"开头,最好将"是什么原因……""如何"的问题表达成"做这件事情的步骤是……"这更能引发具体和真实的回答。

STAR 案例结构

我们经常会用案例进行教学，案例中有实际情境的描述，在这个情境中包含一个或多个疑难问题同时也包含有解决这些问题的方法，便于学员通过具体的思考，启发创造潜能，提升对实际问题的解决能力。那如何设计案例和写案例呢？最常用的工具就是 STAR 结构化案例。

STAR 法则是情境 (situation)、任务 (task)、行动 (action)、结果 (result) 四项的缩写，是一种陈述方式。或者说，是一个清晰、条理的陈述模板。不管是什么，合理熟练运用此法则，可以轻松地掌握描述事物的逻辑方式，表现出清晰的、有条理性和逻辑性的陈述。

有时 STAR 的案例可能就是一个小的细节处理过程，并没有必要形成一个标准的文档，但是这个结构依然是存在的。有一次在帮助实战团队做复盘的过程中说到这样一个案例，就是用 STAR 的结构来写的，很好地帮助了销售人员找到正确的解决方法。

某通信运营商的一个地市分公司组织了一次现场营销活动，主要销售手机号码和宽带。活动中，营销环节成功后，销售人员引导客户选号，但是选号环节没有做好，最终并没有成交。

我说你当时的任务清楚不。他说知道，前面都营销好了，这个时候就是把号码定下来，事情就成功了。

我问他做了什么，他说自己就带用户去电脑里面选，用户觉得号码太多，选不出来。

我就让该销售人员写了一个STAR结构：

S：这是一次现场的营销活动，已经营销成功用户办理套餐。

T：引导用户选择手机号码。

A：带领用户到电脑上去选择。

R：用户最终因为选择障碍没有成功，未成交。

然后我要求这名销售人员去反思，也就是重复这个过程你会怎么做？

面对这种情况，有没有其他选择？

"我就把靓号单独打出来，一张纸上打五个，然后我先拿一张纸给用户选，实在不行再拿一张，决定不了就给第三张。最后的效果非常好，客户选择了5个，基本上一张纸搞定，根本用不到系统，因为那个费时麻烦。"这就是通过案例分析，通过restar的过程清晰展现，这个案例通过star和restar的方法对其他人有帮助。

这个方法后来在复盘结束后被作为一个标准的动作保留了下来，说明大家在营销中可能都遇到过这样的问题，只是没有采用这样的方式来分析，也就没有找到正确的解决方法。

因此，在提问的过程中，我们需要的不是一个大型的标准的STAR结构的案例，而是要知道案例是有这样一个结构的，在提问时可以从这几个方面来展开,这样在进行知识整理、构建和分享复制时可以更加的有效。

接下来我们会根据案例来展示一些常用的问题,以及这些问题的应用场景。

背景性问题

这件事情(行为或动作)是什么原因导致的?

任何事件(行为或者动作)的发生都是有原因的,这些原因有可能是主观的,是对影响因素主动分析的结果导致的,从大的方面来讲可能会有 SWOT 分析,小的方面来讲,可能会是对一个业务指标的原因分析或者是对工作流程或者步骤的分析,对应的是业务场景中的第一种类型。也有可能是客观的因素,是因为某个契机或者事件触发的,这个对应的是业务场景中的第二种类型。比如,客户的实际场景、互联网中客户的行为轨迹、服务投诉中的危机场景,这些都是被动的。这些被动的因素对于复制和应用是至关重要的,只有把原因和场景了解清楚,才能复制得更加准确。

从另一个维度来讲,这些原因有可能是外部的影响因素,如降息、提速降费、国际油价的变化等,这些都会导致投资行为的变化。也有可能是内部的原因,如营销政策的变化、人员或指标的变化等。

了解触发原因,常见的就是了解整个事件的原因。其实,就算只是一个动作或者一句话术,也都需要了解原因。而且不仅要了解原因本身,还需要问清楚事件与原因之间的逻辑关系,这个原因与事件的发生是否有必然的联系。

您在做这件事情之前是如何思考的?

任何行为都是与思维相关的,对于主观的原因来讲,可能思考的过程是显性的,是有一个工具或者方法的,至少会有一个逻辑思考的过程。比如,因为指标的不达标,总会从哪几个方面去了解;如果流程冗长,需要提高效率,会从哪几点去分析……这些对于类似的业务场景可能都会有借鉴意义。如果是客观的原因,这个过程可能是隐性的,对于业务专家来讲,这个思考过程就是一瞬间的事情,如果不去细想,往往被忽略掉了。但是这个思考的过程有可能包含了更多的可能性,这些可能性对于概念的提取和方法的扩展是有益的。比如在危机处理过程中,店长见到客户会说这样一句话:"您好,我是店长,有什么问题我可以帮您解决,您跟我到这边来一下吧!"这是一个简单的话术,但是如果不去问他的思考过程,可能就不理解他为什么会这么说。比如,"我是店长"背后的原因可能就是"我首先要表明自己的身份,这样对于缓解用户情绪比较有效",那我们就可以再去问一句"那表明身份如果有其他的选择,那这个选择是什么?"就会激发出更多的答案,如"制服""身份牌"等。

思考的过程往往决定了行为的过程,尽可能地了解一下思考过程,以及他们的逻辑顺序,对于访谈的不断深入会有帮助。

做这件事情的目的是什么?

所有的行为和事件都有目的,明确目标在任何管理方法中都是首要的,因此必须要了解清楚。没有目标就很难理解后续的计划与行为,也很难判断这个行为的结果是否符合预期。

了解行为的目标有利于帮助我们理解业务专家的行为,同样的行为可能因为目标的不一致带来不同的效果。比如在情绪管理中有这样一句话:"不要发怒,除非你知道自己在发怒。"同样是发怒这个行为,如果你没有目标,那只能带来负面的结果;但是如果你知道自己在发怒,同时这个行为是有意识也就是有目标地发生的,那就是没有问题的。也就是说"不要发怒,但是可以表现为发怒"。

在前面讲过的一个华为店与通信企业合作销售案例中,我们一开始发现营业员会去查看用户的异网账单,并没有在意这个动作,因为根据公司要求,需要给用户计算通信消费金额,这个动作有助于完成这个目标。当营业员在连续五个成功案例中都提到这个动作,我们才认真地问她"为什么要去查看用户的异网账单"。她的回答与我们想象的并不一样,她的回答是"我希望客户认识到异网并不像他们说的那样优惠,而且会损害用户的利益,然后才会进行新业务的营销,往往事半功倍"。

我们在这里用了目的一词,而没有用目标,是因为这个问题我们只是希望业务专家描述一个感性的、大概的方向性的目的，并不是一个明确的、用来作为结果衡量的具体目标。

当时面临了哪些状况或者困难？

有时候我们简单地去问做这件事情的原因可能比较宽泛，并不太容易去回答这个问题。那就需要进一步细化做这件事情的原因，详细描述当时面临的具体困难，需要说明的是这些困难是在任务或者行为之前的，也就是导致任务发生的原因，并不是行为发生过程中的困难，这在访谈过程中往往容易产生混淆。

这些困难的描述不能笼统，而要尽量地细化。不能停留在工作任务的层面，至少要深入具体的业务场景。比如你不能说我的困难就是"业务收入完不成"或者"客户满意度太低""人员流失率太低"，而需要进一步地去分析，比如是哪一块的收入不能完成，完不成的原因是什么？客户满意度的影响因素有哪些？我们在哪些方面面临的困难比较大等，必须要分清楚哪些是原因，哪些是结果。

这里就可能引发对关键任务的调整，一些原来我们预想的内容可能与实际是不相符的，因此一定要保持中正，不要轻易评判。很多行为都是因为这些具体的困难所引发的，这些困难就可能是具体的业务场景。

当时有哪些有利的因素？

我们在决定开展一项工作，或者做一个动作时，一定也是有一些有利因素的，这些因素有可能是关键行为或者动作的必要条件。但是这些因素往往是在分享中最容易丢失的，有一些是不方便说，如采用了一些特殊的政策，突破上级公司的一些规定；有一些是不能说，比如表面上是正常的操作，但是某个关键手段或者重要人物才是成功的保证，更多的是可能忘记了，因为公司或者部门本来就有一些常见的规定或者做法，甚至文化，我天天待在这个环境中，并没有觉得这些信息很重要，但是如果别的部门没有，也有可能是导致成功的重要因素，但是这些信息我可能就会忘了说。没有这些条件，就会导致这项工作的失败。

这是在很多经验萃取中容易丢失的部分，而且这部分信息的描述一定要有具体的行为表现。比如，我们常说的一个有利因素"领导重视"，那就需要问清楚"领导重视的表现是什么"，这儿就会出现重要区别，如公司发了相关的文件、领导在经营分析会上进行了表态、公司办公会根据相关内容对 KPI 进行了调整，很明显，这三句话表现出领导重视的程度是不一样的。

在访谈过程中了解到的一些具体的有利因素也有可能会导致关键任务发生转变。比如，某奶业企业的一个营销大区，打通了一些关键环节投入资源支持营销单元开展社区活动，这对于基层团队来讲就是一个重要的有利因素，如果没有这个因素，活动的结果就会产生较大的差异。那这时关键任务可能就要从萃取如何开展社区活动转变为如何做好活动的资源支撑。

您目前的岗位是什么？

业务专家的岗位与萃取的目标和内容是强相关的关系，你不能对着一个技术人员去萃取销售问题。在现实工作中，并不是每个业务专家与他的岗位职责都是一致的，有时可能您想要的人与实际来的人会出现严重的偏差。业务专家与萃取的目标是否一致对于结果是至关重要的，有时不同的岗位之间也可以相互印证，这些都必须在访谈的初始阶段就了解清楚。因此，在萃取前详细了解业务专家的岗位职责与工作范围是一个必要的环节。

我们在帮助一家鞋类企业做"客户经营"的课程开发萃取时，从全国各地召集了很多店长，而且来之前也与这些店长进行了岗位确认，但是来了之后，我们在实际萃取时，依然出现了意外。有一个直辖市店长的线上活动做得特别好，我们就请这个店长给我们进行分享，然后再萃取一些关键的动作，但是他告诉我们这个事情不是他干的，他的那个店是区公司中心门店，有一百多个人，分为八个营销分队。他的岗位相当于渠道中心的副主任，只负责团队管理，具体的营销活动的组织策划与实施是由这些队长们去做的，问他根本就问不到细节，这其实并不符合我们要求的"熟知与力行"的要求。因此不仅仅要看表面上的岗位名称，同样的名称也需要请业务专家就具体的工作任务做出说明。

在萃取一些涉及多个环节的案例时，岗位与他的分享内容也会有关系，每个人都不可能完全客观，总会站在自己的立场去讲述这个事实，这时就必须结合岗位来看，最好是结合多个岗位的萃取才能更接近事实，不能"盲人摸象"。

您从事这个岗位有多长时间了？

了解业务专家的专业背景是十分必要的，一个新手在岗位上是有可能做出出色的业绩的，但是那些经验是偶然的还是经过大量行为验证的就需要去进一步地求证或者试行。如果是一个有多年岗位经验的业务专家，那他的经验相对来说可复制性应该会更强一些，在推广阶段的价值也会更高。在这里并不是说新手的经验没有价值，只是新手的经验复制需要更谨慎一些。

另外有些岗位在不同的年限上表现出来的经验也是不同的，这些经验在做知识构建时，可以进行分类指导，比如你刚进入这个岗位需要学习的内容是什么？如果做了两年后你又应该学习什么？比如培训师这个岗位，一个新的培训师，重要的可能就是把课程讲好，按课程的要求来讲，不需要发挥；而对于一个成熟的培训师，可能更重要的方向是进行课程的优化与开发。那针对同一岗位的不同专家，需要萃取的是在这个阶段他的哪些行为对目前的绩效产生了重要影响。

您从什么时候开始做这件事情的?

关注业务专家从事与萃取目标相关的工作有多长时间,时间的长短是判断这件事情所产生结果可信度的重要因素,也是判断经验是否可复制的重要因素。大量的工作实践告诉我们,有些事情的成功真的是不可复制的,可能是偶发的。那什么时候开始做的、做了多长时间、在这个过程中是否持续地开展这项工作都是很重要的因素。

在一些客观的业务场景中,时间点对于关键行为的影响可能会更大。比如这个事情的发生是有一些客观背景的,如国家的政策或者行业状况,也会与竞争对手的政策有关。一些经验,如果把时间放长,有可能没有任何意义。中国电信在手机发展的初期,就是与宽带捆绑发展的,那时宽带市场基本上没有竞争,这样的策略从企业利益来讲,不能说错,但是这样的经验可能只是短期的,你不能拿到现在来用。

现在这个社会,经济发展越来越快,市场环境瞬息万变,行为发生的前景与目前是否还相匹配是需要重点考虑的一个因素,这一点需要与其他问题结合起来使用,以保证萃取出来的经验对现在是有指导意义的。

任务性问题

您当时准备做什么?

这是一个启发性的问题,为的是激发业务专家讲述的欲望。我们在访谈时，需要让业务专家尽可能地回到当时的场景中去，回到这件事情的起点，那这个起点大多数情况下，可能就是计划，或者刚开始的一点思路。如果是一个主观的工作任务，我们可以问"想一想当时的初步的计划是什么？"如果有计划，需要将先后顺序及重要性了解清楚。如果没有计划，可以问"那当时有没有相对具体的工作思路？""那你想好了第一步要做什么了吗？"在萃取的过程中，时间线与空间线是很重要的，这是帮助我们还原整个事件最重要的参照系，也是不断发现细节的重要方法。

如果是一个客观的业务场景，如银行店面的危机处理，就直接问"您当时准备做什么？"因为往往这时是没有计划的，大多数时候就是凭经验，这些经验就是我们要萃取的。在这里我们要强调的是，这个问题业务专家可能会回答成目的，如"我想把他拉走，带到旁边的会议室去"。这是不对的，我们在这里要了解的是他下一步准备要做的动作或者话术，如果出现这种情况，需要进一步地问"那您准备做什么？""如果没有准备，那平时这种情况，通常的应对方法是什么？"来引导业务专家正确地回答这个问题。

准备做什么与实际做什么还是有区别的，在访谈行为过程中依然要问实际做了什么。如果这两个问题的答案有区别，还需要进一步地问，是什么原因导致行为的不一致或者调整，这就有可能是一个新的业务场景或者需要注意的事项。

希望达到什么目标？

目的和目标是有区别的，目的更多的是感性的、方向性的，但是目标必须是明确的。比如，我们前面说的门店危机处理的案例，从目的上来讲，可能就是不要影响门店的正常营业，目标就要具体一些，就是在短时间内，将客户从危机现场带离，妥善处理客户的问题并使之满意。如果是具体的工作目标，要尽量做到可量化，大体符合 SMART 法则，也就是具体的、可衡量的、可实现的、相关性、有时间限制的，目标要尽可能地讲清楚。

当然，如果是一个完整的工作任务是必须要有详细目标的，但是如果只是一些具体的业务场景，目标要简单得多：从销售上来讲，可能就是"当时能够成交"，如果要更具体一点的话，可能就是成交的金额；如果从事务性的工作上来讲，可能就是在规定时间内完成某个具体的流程或者动作等。

在萃取过程中，目标与结果是强关联的，我们不能单独地去看结果是怎样的，一定要与最初的目标进行对照。有时我们对结果的评价就是一个结论，完成了，这是不科学的。我们需要用数据进行分析，如果完成了，完成了多少，与预期如果有差距的话，是什么原因造成的，这样的分析有利于找到真正影响工作绩效的因素。

达到的标准是什么？

目标是否达成都必须要有标准，没有标准就不好评价，也不好衡量这个行为是否有效,或者要做到什么程度才是最适合的。比如前面危机处理的案例中,目标是短时间内将客户带离现场,"多长时间"算是短时间,这需要请业务专家详细说明,即使没有标准,也需要给一个大概的经验值,方便在复制的过程中进行参考。

在这个过程中,很多时候工作目标是没有可衡量的标准的,比如什么是与客户关系好?或者外呼中你如何判断客户愿意来?这些是没有办法给出数据的,这时可以请业务专家给出标志性的事件或者客户反馈来予以判断。比如,客户请我吃饭,是不是比我请客户吃饭的关系要好了些?这就是标志性的表现。外呼中客户的一般反馈可能就是客户说"好的,我知道了",这是没法判断客户的真实意图的,但是如果能约到客户到店的具体时间或者在外呼中成功地与客户加了微信,是不是可以认定为客户具有较强的意向?

在访谈过程中有可能一开始是没有标准,而是通过访谈的逐步深入变得越来越清晰,即使真的没有标准,业务专家也可以讲一些具体的情况,举例说明。

有没有具体的任务,是如何分解的?

工作的落实是一项任务能够顺利开展的重要保证,如果是一个比较大型的计划,任务分解是一个非常重要的过程。如何分解?具体的来讲,就是分解这件事情由谁来做。领导?中层?产品经理?还是其他什么角色?有时在问到人的时候,业务专家可能会说"我",那这时候一定要问清楚,"你在这个项目中的角色是什么"。

这个分解是用什么方式来做的?是按工作职责?还是层级?还是抓阄?分解的原则是什么?谁来确定结果?是如何进行沟通的?在沟通过程中是如何反馈的等都可以了解清楚。当然我们在萃取时一般情况下是不会遇到如此复杂的任务的。

如果是面对一些小的业务场景,也是有工作任务分解的,这个过程可能就是由业务专家一个人来完成的。还有现场危机处理的案例,业务专家在回答这个问题时是这样说的:"我首先是让用户情绪稳定下来,第二步是带离现场,第三步才是处理事件。"这就是一个具体的任务分解,是不是很简单?这些步骤看似简单,但是可能是业务专家多年的心得,它就是一个完整的处理方法,就是我们萃取最想要的关键行为。

行动性问题

这是关键行为萃取的提问重点,我们在前面讲过,不仅仅要关注行为本身,还需要关注与行为有关的标准、频率、分类等。

对于这个任务,具体的工作思路和方法是什么?

当遇到工作任务涉及的内容比较多、工作流程比较复杂、时间跨度也比较长时,用这个问题开始访谈可以较为清晰地展现这项工作的全貌。作为访谈者可以先把结构搞清楚，再逐步深入，不要过早地跳入细节。任何一个方法、动作或者话术一定是在特定的业务场景中发生作用的，如果没有场景，那这些方法在使用与复制时就会出现偏差，因此需要将关键行为放在一个全面的案例中去审视，这才是正确的。

这种关键任务的访谈对象一般都是具备较强工作经验的业务骨干，其本身应该具有较强的逻辑分析与总结能力，他们会对自己的工作有所总结，这个问题可以比较好地表示对业务专家的尊重，同时激发对方的表达欲望。但是，逻辑与总结能力较强的负面影响有可能会丢失大量的细节和具体的工具方法，在访谈时需要特别注意。

总的来说，在访谈的初期不宜过早涉及细节，这个问题适合切入时使用，用于打开业务专家的话题，也能从这个问题中发现一些关键行为的线索，沿着这个线索再继续深入，这也符合访谈中必须跟随专家的原则。有一个特别有意思的案例，这个专家能够在生活中不花钱出去旅游、就餐，在访谈中，她说第一件事就是信息检索，这个方法作为小白来讲可能还是不知道的。这个词最大的作用就是给了一个线索，然后跟问"那这个检索是如何做的呢？"

这件事情的目的是什么？

每一项具体的任务、行为或者话术都有目标或者目的。这个问题我们在"行为"这个环节再次重复，说明这个问题非常重要。在访谈的过程中，也需要不时地问一下，"那你说这句话的目的是什么呢？""你做这个动作的目的是什么?"等。

是什么?

专家访谈最基本的方法和句式就是用"什么"或者"怎么"来造句,就是所谓"5W1H"的具体体现。其他的问题从根本上来讲都是从这几个问题演化而来的,或者只是加入了具体的场景来进行提问而已。从"5W1H"引申出去,在"WHAT"这部分,对于个体的人来讲,绝大部分的信息接收与反馈都是通过感官来获取的,因此在用"什么"来造句的过程中,还加入了一些感官的反馈,如"听到了什么"。

"是什么",就是定义,或者是对你看到的内容的具体描述。因为每个人对词语的理解都是不一样的,说到的任何一个具体的名词,如果不进行解释可能都会产生理解上的偏差。比如,"领导"这个词,在访谈中经常会碰到,但是每个人对领导的理解是不一样的,特别是岗位层级有差异的情况下,对领导的理解就会出现巨大的偏差。一个基层员工口中的领导可能就是一个班长或者小组长,但对于一个管控部门的主管来说有可能连部门主任都不能算领导,只有公司的高层管理才能叫作领导,这就是认知的不一样。因此我们在大部分情况下都需要请业务专家讲清楚他说的这个词是什么意思。

在这里说得比较复杂,其实在实际访谈中如果你是内部专家去访谈内部业务专家,那这个问题是不大的,因为大家的语言体系是一致的,但是如果是外部专家去访谈业务专家这个问题就会比较严重,外部专家会不断地对一些司空见惯的词语进行提问。

还有一种情况就是我们在访谈中最常听到的都是这样的表达,"我们就是把客户的需求搞清楚了""我们制定了一套明确的标准""我们有一个很好用的工具"等,这些都是概括性的表达,这时是一定要问这些词的具体内容是什么的,从这里既可能获得一些具体的行为方法,也有可能对业务场景进行补充。比如下面这些词:标准、话术、内容、需求、角色、产品、物料、终端、宣传、规定、流程、问题、方法等,在这里只是简单地列举了几个,让大家有些体会,这些词是举不完的。

说了什么?或者怎么说的?

这个问题针对的主要是关键话术及反馈,这里的"说了什么"既可以是业务专家说了什么,也可以是业务专家口中的其他相关人员说了什么,如团队的其他成员、销售中的客户、培训中的学员等。在访谈中业务专家会偏向于概括性表达,比如,下面这段简单的对话:

【对某小家电品牌业务专家"销售产品"开场环节所用话术的访谈】

专家:当客户拿起我们任一款产品后,我通常都会先赞美一下客户。

访谈者:怎么赞美的?说了什么?

专家:就说"您真有眼光,我们这款产品现在卖得特别火"。

访谈者:嗯,当时原话就是这么说的?

专家:是的。

【对银行业务专家"投诉处理"接触环节所用动作、话术的访谈】

专家：到达投诉现场后，我第一件事就是表明身份。

访谈者：怎么表明身份？说什么？

专家：我一般是这样说的，"您好，先生，我是分理处的外场经理，如果有什么问题，我来帮您解决。"

访谈者：那具体到这个案例呢？

专家：我想一下，当时也差不多，我说的是："陈先生，我是外场经理，我能理解您非常着急，能否把您的要求再明确说一下，我怕她们转述得不够准确。"

访谈者：嗯，还是有所区别的。

专家：是的。

【对某品牌业务专家"地推活动选点"过程中如何指导的访谈】

专家：第一选哪儿，为什么要选这个地方，是这个地方新来了一批人，还是有新的小区交付，还是怎么样。

访谈者：就是咱们选这个点的理由。

专家：对，我为什么会提这个点，理由是什么。

访谈者：嗯。

专家：然后你去了可以做什么，是做老用户的维系，还是新客户的开发。

访谈者：这都有指导。

专家：对，我会告诉你做什么？

大部分业务专家在讲述的时候都是这样表达的，如"我就提了几个问题""我就和客户随便聊聊""我就先安抚一下客户，表达歉意"等，遇到这种跟具体话术有关的概括性表达，都需要问具体说了什么。

这里最重要的是尽可能还原当时说的话，而不是业务专家现在描述的话。在访谈中要不断地进行确认，如"你当时是不是原话就是这么说的？"或者进行纠正"那你当时的原话是怎么说的？"，用在业务场景中的其他人身上也是同样的道理，要现场的原话。

那都有哪些具体的话术呢？

"话术"其实就是说了什么，在这里我们把这个问题单独写出来，是因为这个问题特别重要，很多场景下都要问这个问题，只要涉及与任何其他人的交流、沟通、销售、指导等之类的都要问话术。

"说了什么"的反馈就是自发的，业务专家可能也并不知道这句话是一句关键话术，需要后期再进行总结与提炼，不同的是，话术可能是经过设计的。如果已经问了具体的表达内容，可以接着再问一下"有没有具体的话术"，可以引发一些其他的应对方法或者一个话术脚本。

看到了什么？或者看什么

前面我们已经讲过在访谈时要尽量避免业务专家的主观性表达。比如，"从学员的表情来看，这个案例是有效的。""从指示灯来判断，这个环节是有问题的。"这些都是主观的表达，没有将看到的现象与决策依据关联起来，还是不知道我应该如何决策，对萃取来讲就是没有意义的。在这些对话场景中，我们都需要问"那你看到了什么"，只有将现象与决策一一对应起来，从应用上来讲才是有价值的。

俗话说"眼见为实"，但在进行访谈时还真不一定，因为从"注意力法则"来看，你看到的内容其实是你注意到的地方，但是你没注意到的地方就不存在吗？

我说一个简单的例子，大部分连锁零售门店都有一个常规动作，叫作点检，点检的内容很多，说一项特别简单的——宣传品的陈列，我曾经到过一个25平方米的小门店去做现场指导，我问那个现场督导，你能看出这个店在宣传上的问题吗？那个督导一脸茫然。为什么？因为她都是按照公司的要求进行点检。这就是注意力，我问的问题在她的注意力之外，那这个门店的问题是什么呢？宣传品太多，一个25平方米的门店各种宣传陈列用品居然有七八十个，已经摆到没有地方可摆了，你看，同样是看，每个人的注意力不一样，看到的内容就不一样。

所以看到的内容往往并不一定客观，虽然这是真实存在的，但是依然会带有一定的主观性。我们在问这个问题时，要引导业务专家尽可能地回忆出当时更为全面的场景，帮助我们来还原现场发生的事情，如具体的图像、画面、动作、反馈、物品等。

看什么与看到了什么是有区别的，看到了什么就是被动地接收一些反馈信息，而看什么就带有强烈的主观性了。大部分情况下，如果业务专家说"我要去看一下现场""看学员表情"等，都会带来业务场景

的进一步细化,要通过现场看到的内容分类处理。比如:

【对业务专家进行关于"促销活动管控做法/环节"的萃取访谈】

专家:我是一定要去现场看一下的。

访谈者:看什么?

专家:看他们的状态。

访谈者:怎么看状态?

专家:就是促销员与客户交流时的动作、表情,现场主管的积极性。

访谈者:然后呢?

专家:根据状态再决定是留下来,还是简单地动员一下就可以了。

这名专家明显是有一定的经验的,就是通过现场看到的内容进行决策,"看"是主观的,"看到的"是客观的,两者是相辅相成的。

听到了什么?或者听什么?

这里的"听到了什么"指业务专家听到的诸如声音、对话等的具体内容及反馈。这个问题与"看到了什么?或者看什么"类似,都是通过这个问题来避免业务专家的主观性表达,作为访谈者,我希望了解的是事实而不是观点。

在访谈时,"注意力法则"在"听"上表现得更加的明显,作为个人来讲,如果现场比较复杂,不是一对一的情况下,听到的内容并不一定能够真实地反映现场的全部情况,因此如果涉及其他相关人员,在重要的反馈或者行为上需要进行第三方的求证,以保证内容的准确性。

请参考【看到了什么？或者看什么？】

做了什么？或者如何做呢？

业务专家在讲述做法时特别容易表达一些经过提炼的动作，如判断、指导、分析、考核、奖励、了解、包装、适配、呈现、交流、沟通、展现、解决、合作、提供、接触、收集、挖掘、筛选、协同、准备、拓展、分工、强化等，而不是描述具体的行为细节，这时一定要把动作问清楚。比如，"怎么包装的？""那包装上具体做了什么？""包装是如何做的呢？"这些都是可以的。

在这个环节，要提醒访谈者一句，最重要的是一定不要有先入为主的观点，如"他说的这些我都知道，没什么大不了的""这些做法我们也在做呀，并没有什么用""这个做不下去的，困难太大了"等，你只需要问一个问题"怎么做的？"。既然是业务专家、绩优者，那他能说到这一点，在绝大部分的情况下，一定有独到之处，这个世界上没有无缘无故的爱，也不会有无缘无故的成功。有一个特别好的例子：

有一次我和一位家电渠道运营专家一起，去访谈一位基层业务专家，当该业务专家说到"我们首先就是领导重视"时，我旁边的内部专家直接说了一句"这个我们都懂，都重视的，直接说你们怎么干的"。我下意识地说了一句："没关系，你说重视，那是怎么个重视？"业务专家的回答是："我们不仅按照省公司的要求做了相关的布置，我们分公司的一把手还亲自到一线对店长和店员进行了抽测，只要是被抽到且没有过关的营销单元，单元领导直接扣罚当月绩效。"这时内部专家才意识到其他的做法其实都是补充，这一条才是最关键的。

这里的"做了什么"不仅仅是业务专家做了什么，也包括其他与业务场景有关的人员做了什么。

什么时间发生的？

在开始访谈时，如何进入这个话题是非常重要的，不能一开始就提一些思考性或者分析性的话题，往往是从结果或者回忆开始的，如果从回忆开始，我通常会在访谈前问这样一个问题："您先就这个主题回忆几个印象比较深的案例，然后我们再开始。"然后再开始正式的行为访谈。

开始问一个特别简单的问题是特别好的，如果一开始就让业务专家描述具体的做法会比较难。如果开场用时间来切入，比较容易回答，可以很好地引起业务专家回应，引导业务专家顺利地开展事件过程的讲述。

这个问题关注的客观事件发生的起点，不是涉及背景的问题，重点在于行为发生过程中引发记忆链条，我们自己可以试一下，有时候想不起来一件事，但是如果有一个线索或者时间，顺着这个线索下去，就可以渐渐地回忆起来一些重要的细节。在访谈免费旅游的那个案例时，印象比较深的就是从准备到旅游需要多长时间，业务专家可能会说不一定，有多有少，那这个就没有可借鉴的意义。在具体的案例访谈时，就需要问"那这个事情是什么时间发生的?""具体的出行又是什么时间?"。通过几个案例的比较,得出一个大概的经验值。

事件或者行为发生的时间也有可能引发不同的业务场景。比如同样的一个投诉在月初发生和在月末发生可能就会导致不一样的处理动作,月初人流量比较小,如果客户情绪比较激动,在现场处理并不会影响对其他顾客的服务。如果是在月底发生,人流量较大,那就必须想办法将顾客带离现场再进行处理。

什么时间做的?

事件发展过程中,时间是特别重要的,每一个关键节点都必须要明确时间,这里时间可以是相对的,也可以是绝对的。相对的时间是指行为步骤的先后顺序。比如,在萃取房产销售业务专家"外呼邀约开场如何切入时",业务专家会说"我会先问一下客户的目的"。这里的"先"并不明确,需要将这个动作顺序进行明确。可以这样来问:"那这个先是指什么?"她是这样回答的:"就是要在说明具体产品信息之前,先问一下。"步骤的先后顺序就很清楚了。绝对的时间就是指行为发生的具体时间点,比如是在几月几日,或者项目开展的第几天,或者是几点几分等。

这个问题常用在业务专家事件过程描述不清时,针对具体的行为或者动作发问。

在一次对某客户经理楼宇陌生拜访成功经验访谈中,该客户经理描述陌生拜访时，他是这样说的：“我会看一下客户的资料，比如是做什么的、有没有我们的业务，然后再进门。”这个场景发生在楼宇的场景中，一个客户经理是不可能记住所有的客户的。我就接着问了一句：“那看客户资料这个事情什么时候做？”他的回答是：“我从一个客户那里出来，到下一个客户去的空当时间，要做两件事，一件事情就是看一下下一个客户的资料。"

有时候，事件的进程是不以我们的意志为转移的，我们没有办法让这个事件停下来，那时间点的选择就是一个重要的因素。比如在访谈一个旅游企业时，公园内部商店的促销应该在哪个时间点开展？是在客户入园时，还是在客户出园时，或者是在这两个时间点各开展一些有针对性的促销？这些都是影响工作绩效的重要因素。

这个问题与"这件事情是什么时间发生的"相比，更偏重于主观的行为或者动作，并且更注意行为过程中的逻辑顺序。

这个任务由谁来完成？

每一项工作或者任务，都要明确完成的人员或者岗位，因此必须问清楚做的人是谁。"谁"是一个抽象的说法，在这里要问到具体的人，也要问到具体的岗位，甚至还要问岗位的具体职责，以确保这个业务专家口中的"谁"与大家的认知是一致的。

在内部工作中，由于大家的工作流程是差不多的，很容易忽略这个问题。我们在大量的访谈中发现，一项工作由不同的人来完成，可能带来的效果是不一样的，并不是大家表面上理解的那样。

在一次对某公司营销部负责人就其"拍卖营销活动"的成功案例进行访谈时，当被问及"这个拍卖会由谁来主持"时，负责人立即答道"就是我们的业务经理"，我们原来的想法是这么重要的会应该是由部门负责人亲自来做。

访谈者：这一段刚才说的是由您来主持，是吧？

负责人：她主持（指业务经理）。

访谈者：她主持，嗯？

负责人：现在我主要是旁听，今年我全部交手了嘛，以前的会都是我主持，她旁听，现在就是她主持。

我们在这里不需要纠结谁来主持是正确的，我们要的是那个事实，这个案例中是由"业务经理"来做的。

"谁做的"这个问题有时可以让我们重新认知这个岗位的能力标准，或者发现一些新的业务专家。比如有一次访谈华为专卖店的店长，发现这个店的业务基本上都是一个促销员做的，不仅仅卖运营商的业务，而且也会帮助门店卖手机，手机卖得并不比专卖店的终端促销员差，因此与门店店员的关系也特别好。我们通过了解发现，这个促销员做过终端销售，这就是我们在岗位能力模型上的新认知：如果这个促销员做过手机销售或者有过专卖店的工作经历，应该优先录取。

这个人具体是谁?

有关人的描述中,有些词语可能是指具体的人,也有可能是泛泛地指一类人,或者一群人,在大多数时候,我们都需要将这个人明确到具体的角色、岗位或者姓名。

这个问题有两种情况,如果访谈者对这个业务场景也很熟悉,并且对业务专家的工作伙伴也很熟悉,可以问到具体的人,具体的人更具象化,对于访谈者了解这个岗位的要求会有额外的帮助。如果访谈者对于工作团队的人员不熟悉,那问到具体的岗位就可以了,但是需要把与这项工作相关的岗位职责说清楚。我们看下面这段对话:

【对业务专家关于"组建团队"的经验萃取】

访谈者:您刚才说第一件事情是建团队,拉群?

专家:是的。

访谈者:团队怎么组建?

专家:首先得有一个领导,然后加上部门的主任,还有就是业务的同事。

访谈者:领导是指谁?

专家:就是分管领导。

访谈者:那具体是谁?

专家:就是张总。

访谈者:哦,知道了,就是分管采购的副总。

专家:是的。

这件事情具体是在哪里发生的?

事件发生的地点与行为是强关联的,一个动作在办公室可以做,并不代表在生产现场也可以做,反之亦然。地点的变化往往会带来业务场景的变化,行为也会随着场景的变化而变化。但是业务专家在进行行为描述时,是不会刻意地去表明这个动作是发生在什么地点的。比如,在危机处理的案例中,业务专家可能会说出一系列的行为或者动作,但是这些动作是在两个地点发生的,一个是在危机现场,一个是在处理地点,这两个地点该说什么该做什么都是有明显区别的,如果不搞清楚发生的地点,那就可能造成偏差。即使是在同一个地点的不同位置,也会带来行为的变化。比如在零售门店,现在都要做体验式营销,这个动作可能就是在产品体验区来做,而不能在收银台做。如果有什么促销的连带商品,可能就需要在收银台营销,这些都是关键的细节。

行为发生的地点也有可能带来业务场景和行为的直接变化,比如在萃取如何给高端品牌做服务暗访的案例中,业务专家去的城市如果是北上广深港澳等一线城市是一种做法,如果去的是成都杭州苏州青岛这些二线城市又是另外一种做法。在门店管理中,组织一场营销活动,这个活动是放在门店还是附近的社区去开展,组织的要求、预热、销售的具体细节都是有区别的。我们在访谈时,涉及地点转换的业务场景,一定要将时间、地点与具体的行为关联起来。

您第一件事情做的是什么？

在访谈时，经常会碰到不知道从哪儿开始的情况，很多业务专家认为我将计划或者思路讲清楚了，方法也说了，就可以结束了。我们访谈的目标一定是行为，无论计划或者思路多么完善，都必须要从行为方面再次进行描述，而行为的描述必须以具体的事件或者案例为基础，而不是继续说做法。如果你去访谈一些重复性的工作，业务专家会很容易跳到我的做法是什么，这就不是从事件的行为出发的，依然是经过总结和加工过的，只有从事件的本身出发，才有可能找到那些关键的行为。

这个问题还可以用于梳理流程，帮助业务专家厘清思路。有些业务专家很能说，但是说的过程中是没有顺序的，先做了什么后做了什么一片混乱，这时就需要访谈者用一些问题来帮助他将行为的顺序理清楚。

比如开展一场家装的专业团购会，涉及的内容很多，有数据分析、材料准备、代理商的沟通、地点准备、内部的组织沟通等，这时就需要将这些事情理清楚，这时就可用这个问题："那你准备开始做了，第一件事情做什么？"

业务专家在讲述时也有可能会遇到障碍，有时会遇到讲不下去的情况，思路是模糊的，这时可以用这样一个简单的问题重新切入主题，请业务专家按照时间顺序从最开始的地方开始讲述。

我记得有一次辅导客户对一个智慧城市大客户项目进行访谈，学员七嘴八舌地问了很多的问题，都是基于各自关心的部分，我对这个业务是不清楚的，就简单地问了一个问题，"那你们得知这个消息之后，第一件事情做的是什么？"业务专家给了我们一个很意外的答案："我们建了个群。"

标准是什么？

这是一个常用的问题，在涉及一些评价性词语时，都必须问清楚评价的标准。什么是评价性的词语，因为每个人的标准是不一样的，没有标准是没有办法进行客观判断的，在复制执行的过程中就会产生偏差。

这里的标准有些是可以量化的，如业务专家说的："我在拿到新的区域的初期，是会经常到客户身边去的。"这里有两个点都涉及标准的问题，一是"什么是初期"，另一个是"经常是指什么？"这两个问题都需要业务专家给出量化的标准，即使没有也需要给出一个经验值。还有一些标准是没有办法量化的，也有可能就是一个标志性的动作或者反馈，比如说"我们就看客户的反馈来判断这个邀约是否有效！"那可以这样来问："那这些反馈是什么？"这就是标准。

这个问题在使用的时候需要加上一个问题的关键字，比如"什么是好？""什么是有效？"可能并不是直接问的"标准是什么？"我们来看下面这几段对话：

【关于"与客户经理脸熟程度"的标准定义的访谈】

专家：一个月基本上你要走一次，混个脸熟。

访谈者：就是一个月一次，一定要混个脸熟。

专家：对，至少六个月才会比较熟。

访谈者：什么叫"比较熟"？

专家：当你走到他那边的时候，营业员会跟你说"今天又来了"。

访谈者：哦。

专家：那说明你就可以了。

【关于"拜访客户说法"标准定义的访谈】

访谈者：那你一天能跑多少个客户？

专家：一天××，如果说不复杂的话，就是简单的拜访。

访谈者：嗯。

专家：就是上午可能跑十来个。

访谈者：那什么叫"简单拜访"？

专家：第一次嘛。

访谈者：嗯。

专家：就是可以先递一下名片，介绍一下我是负责你这边的客户经理之类的。

访谈者：嗯。

专家：有什么问题都可以找我呀。

访谈者：嗯。

【关于"拜访客户推介业务时机"标准定义的访谈】

访谈者：您觉得什么时候跟客户说业务会比较好？

专家：肯定是跟他比较熟了。

访谈者：什么叫"比较熟"？

专家：嗯，像我一般会加个微信，然后点点赞啊，然后会有沟通啦、交流啦和朋友圈有些回复啊。

访谈者：啊。

专家：这种就比较熟了。

访谈者：啊。

【关于"探店提醒时机"标准定义的访谈】

专家：我们适时地会过去看一下，然后提醒一下今天这个环境怎么样，可能需要换一下这个营销的方式。

访谈者：什么叫适时？

这句话就是在问"标准是什么"，说完整就是"比较熟的标准是什么""简单拜访的标准是什么"，请业务专家做出解释，那别人就可以参照了，不然这个细节是没有办法去复制的。

都有哪些情况？

在访谈时，最常碰到的一个词就是"根据情况"，业务专家经常会说"我们这个看情况再开展"或者"我会看情况"等。"看情况"这个词往往隐藏了大量的业务专家的经验，这是一个将隐性知识显性化的重要线索，一定要抓住。出现这种情况一般有两种原因，一是业务专家没有想清楚这件事情，不知道如何说；二是业务专家可能有所保留，不想说出关键信息。

"情况"是什么？其实就是分类。从根本上来讲，没有什么是不能分类的，只不过有些分类过于复杂，所以显得没有办法分类。几乎所有的研究或者经验都是能分类的，往大了说科学会分学科，现在的研究越来越深入，学科也变得越来越复杂。往小了说，我们吃的菜分中餐、西餐，中餐又分八大菜系，现在还有一些什么创意菜，这些都是分类。我们常说的业务场景也是分类，只不过在访谈中，我们不需要那么严谨，也不一定要严格按照分类的要求来做，只是请业务专家就自己经历的业务场景进行一些简单的总结和举例，因此这个问题有时候也可以这样问："那就分分类呗！"

访谈团队某次对一位制造业大客户销售专家进行经验访谈，想了解一下该业务专家对于"有意向客户"的处理经验，对话记录如下：

访谈者：比如说，聊到有一个客户还有点兴趣的，什么时候去第二次？

专家：嗯……看他是什么样的……

访谈者：你可以分分类吗？

专家：打个比方，如果是上午去的。

访谈者：嗯。

专家：对这个业务这块儿可能他有些不了解啊什么东西的。

访谈者：嗯嗯。

专家：这样子，我回去要先查一下，要不我下午过来再说一下这一块的问题。

访谈者：嗯。

专家：基本上是上午到下午。

访谈者：就是快速地反馈。

专家：对。

访谈者：还有呢？

业务专家：如果下午去的话，那当天再去的可能性就比较小了。

分类和举例的过程也有可能是重要的业务场景，这时需要业务专家将遇到的情况罗列出来，并给出解决的行为过程。在这个过程中需要不断地使用"还有呢"。

那都有哪些场景呢？

我们在描绘关键任务地图时，就已经确定了业务场景，这个业务场景指的是大的业务场景，比如我们从云产品的销售来讲，可以分为制造业、金融服务业、物流服务业等。但是，在具体的访谈过程中，业务专家遇到的案例可能会进一步细分，比如金融服务业可能又会分为银行，银行可能进一步分为国有商业银行、地方银行等，业务场景越具体，在应用的过程中就越有指导性。

这里的场景可能是客户的场景，也称之为被动的场景，这类场景有时也表现为途径、客户的来源等。也可能是应用场景，就是主动的场景，也就是一些细分的工作任务，比如做一个小型政策培训，可能用到的场景就有线上直播分享、一对一交流、小型座谈等，每个场景的对象、流程和方法都是不一样的，问清楚场景及与之相适应的方法、话术才能保证应用的准确性。

运营商内部某业务专家在一次门店组织的"加载宽带"营销活动中，取得了不菲成绩，上级主管领导为了推广该专家的经验做法，特请访谈者对该业务专家进行经验访谈，对话如下：

访谈者：做了多少个？

专家：八个加宽吧！

访谈者：做了八个，这八个各是什么途径来的？

专家：外呼预约的大概有三个，然后老用户介绍过来的有两个，有两个就是过来看手机。

访谈者：买手机是吧？

专家：看手机，买手机，然后我们异网策反的。

访谈者：买手机策反。

专家：还有一个是店长自己的一个亲戚。

访谈者：三个外呼的，呼的什么内容？

专家：我们外呼一般这样，外呼三种目标客户：一种是纯异网的目标客户。

访谈者：纯异网的目标客户？

专家：对，就是他们自己前期在这里买了手机，但没有办我们任何的电信业务，都有登记的，可以自己整理出来；第二种是我们给他们的单宽带；第三种是我们前期做了那个单卡，所有的手机销售出去，前期我们不是要有搭卡率嘛。一开始营销的时候可能宽带不一定能搭进去，那就是只搭了个卡，这类的目标客户，外呼他们过来再加载宽带。我们是分了三类这样的目标客户。

这里所讲的"客户是从什么途径来的"就是具体的业务场景，后面"三个外呼，呼的什么内容？"，业务专家又进一步细分了三个更具体的业务场景，针对三个不同的场景各有对应的外呼话术和脚本，这样我们就可以参照执行了。

怎么分类的？

前面我们讲到了遇到讲不下去的情况，要请业务专家分分类。大部分的业务专家在"分分类"时是没有逻辑的，讲起来不像是分类，更像是举例，因此需要将分类的纬度了解清楚或者帮助业务专家梳理清楚。而且通过厘清分类的标准，激发业务专家分享更多的业务场景。比如我们在上一节中说的这个例子，后续对话如下：

访谈团队对某软装品牌销售专家进行经验访谈，想了解一下该业务专家对于有意向客户的处理经验，对话记录后续如下：

访谈者：还有呢？

业务专家：如果下午去的话，那当天再去的可能性就比较小了，可以第二天上午再约时间。

访谈者：这是按照去的时间来分的？

业务专家：是的。

访谈者：那可以怎么分类呢？

业务专家：还可以根据用户的反馈来分，如果比较感兴趣的用户就要先去，不是太感兴趣就不用着急。

访谈者：还有呢？

业务专家：还有就是如果有竞争对手也已经联系了，就要抓紧一些。

访谈者：这是按竞争情况来分？

业务专家：是的。

……

你看，这样一聊，是不是把第一次去客户那儿的情况就了解得比较详细了？

刚才这个案例是一个销售案例，分类也比较简单，如果是一个工作任务或者项目，那在访谈时就必须更加深入。首先要问"分类的标准是什么"（就是纬度），这个纬度是如何划分的。比如按时间来划分，可按日、按周、按月、按年。其次要问："这个标准是如何确定的？"特别是有时有评价标准，可能因素有很多，就要问："为什么是选择这几个因素，而没有选择其他因素，是怎么考虑的？还是用了什么方法先选择的？"最后就是要问"分类完成后进一步的动作是什么？"。分类只是区分业务场景，并不是具体的行为，分类的目的只是让我们把行为看得更加的清楚，以便容易地进行复制推广。

具体点呢？

专家访谈在萃取中是一个非常重要的环节，也是最难的一个环节，难就难在细节和关键行为很难被挖掘出来，业务专家在陈述时会有意无意地避免说到细节，更愿意说一些空泛方法或者套话，或者说得过于简单，这时就需要适当地提醒下，引导业务专家讲述更多的细节，最常用的就是"具体点呢？"。

在说这句话时要特别注意语气，说得不好会显得特别生硬，会打破访谈时建立的场域，那就会造成对方的防御心理。所以用这个问题要注意场域，如果信任的氛围还没有建立，要慎用。如果确实需要请业务专家说得更详细一些，那可以把这句话说得更长一些就可以了。比如，"这个很好，那能稍微具体一点吗？""关于这个环节，能够再具体地讲一讲吗？"我们来看下面这个案例：

在对业务专家进行访谈时，业务专家提到了自己本次成功的部分原因是借助一些工具，访谈者对工具的获取进行了深挖，对话如下：

访谈者：那这些工具是从哪里来的呢？

专家：就是省公司的一个工具包。

访谈者：省公司？

专家：是的。

访谈者：省公司哪里，具体点呢？

专家：我们省公司资源中心有一个工具库，大家都可以下载的，我就是从那里下载的。

访谈者：再具体点呢？

专家：稍等，我登录给你看一下。

访谈者：好的。

还有呢？

这是一个最常用的不断追问的方法，当业务专家没有说完，因为各种原因停下来时，可以简单地引导其继续往下说。在可能有多个原因、因素的问题时都能进行追问和扩展。我们举几个简单的例子，比如"您平时都看些什么书？"你可能会简单地回答几本，这时我如果想了解更多，就可以简单地问"还有呢？"。绝大多数情况下，都会引导对方继续往下说。我经常要做销售类的访谈，有一个问题是避不开的，就是"在这个过程中你会遇到什么困难"，业务专家在这方面是很难讲全面的，必须要不断地问"还有呢？""还有呢？"，才能尽可能地将已经发生的情况了解清楚，帮助新手快速成长。

这个问题有很多初学者会问成"还有吗？"，这是不对的。"还有吗？"是一个封闭式的问题，我可以简单地回答"有"或者"没有"，不能引发业务专家的进一步思考。"还有呢？"是一个开放式的问题。问题本身已经给了业务专家强烈暗示了，这个问题一定还有新的答案，你需要深入思考一下，给出更多的答案。我们来看两个案例：

某通信运营代理商，在一次入社区营销活动中获得不菲成绩，该代理商对外称归功于此次组织营销的业务专家，因此访谈者特意前来对该业务专家进行访谈，以挖掘出本次组织营销的出彩之处。

访谈者：你们会带哪些物料？

专家：正常的就是一些宣传物料，如海报、单页、帐篷之类的。

访谈者：还有呢？

专家：我们会带着电视，现场做一些演示，这个有些单元是不带的，我们觉得效果特别好，特别是在老人小孩多的小区。

访谈者：还有呢？

专家：基本上就这些了吧，我们会带上终端和终端柜台，这个好像只有我们领导要求，不过好像也只有我们在现场是有手机销售的，其他单元我们也去看过，只办业务不卖手机的。

访谈者：那客户都会有哪些情况？

专家：正常的消费都会超的，这个没有问题的，按照这个就可以了。

访谈者：还有呢？

专家：还有一种就是不怎么超的，费用差不多。

访谈者：那如何处理？

……

访谈者：还有呢？

专家：还有一种消费特别低的，比如一个月才10元的。

访谈者：那怎么办？

专家：那就不用查了，在现场的话直接让他领个礼品就行了。

这个问题与"什么原因？""还有什么情况？""举几个例子""怎么分类的？"等问题组合使用会起到比较好的效果。

那其他的呢？

"还有呢？"和"其他的呢？"看起来有点类似，都是引导专家就当前的话题继续思考与陈述，但在实际应用中是有显著区别的。"还有呢"是就这个关键词的同类进行挖掘，偏重于具体的工具、物料或者名词一类，"其他的呢？"的关注点在于同一类别下，其他的时间、空间、个体或者场景的具体情况，偏重于情况描述。

当业务专家可能通过举例，详细说了一种情况、一类人或者一个人、一件事，但是很明显还有其他类似的分类或者人、事时，因为各种原因未讲述时，可以简单地使用这个问题进一步挖掘。而且有时一个案例是没有办法说明一类情况的，需要将这类案例的其他个体加以说明，才更加完整，也更加严谨，将这个业务场景的全貌更好地展现出来。

这个问题会有两种答案，正常情况下，"其他的呢？"应该和业务专家讲述的案例相一致，那说明这个案例就是具有普遍性的。还有一种情况，举的案例与"其他的呢？"的答案不一致，那如果要应用这个案例方法就必须要说明前提条件，或者将"其他的"情况作为业务场景的补充加以说明。

【关于"某策略使用后经销商们反应情况"的访谈对话】

专家：这几天人少了，开始就是陆陆续续在去了。

访谈者：嗯。

专家：到上周周日都是全天做。

访谈者：嗯。

专家：从早到晚。

访谈者：好，这是最好的一个，对吧？

专家：嗯。

访谈者：那其他的呢？

专家：其他经销商全部动起来了。

【关于"对经销商成功进行招标是否与节日因素相关"的访谈对话】

专家：每年最出量的就是这个时候。

访谈者：嗯。

专家：不甘心放弃，不甘心错过的。

访谈者：嗯。

专家：就拿着这一点，给他们做了一个小的招标。

访谈者：那平时呢？

专家：平时也是一样。

访谈者：嗯。

案例中的"其他的呢"是想了解一下案例中所说的经销商是个别的现象还是整体都是这样，这里的"其他"就是指其他的经销商；后面一句"那平时呢？"就更加的明显了，就是时间上是不是有特殊性，还是任何时间都是这样，如果有特殊性，那应用时就要说明。

这个问题有时还可以与具体的场景结合起来，因为有时业务专家觉得我做得都没有问题，但是实际上确实存在一些普遍的问题，可以把这个具体的业务场景提出来。

某运营商内一位业务专家专攻社区、厂区营销，其所在厅店业绩也因此得到了大幅提升。访谈者闻讯赶去欲对其进行经验萃取，正巧其正在筹划本周末去一处工厂集宿区进行现场营销，以下是节选对话：

专家：集宿区。

访谈者：嗯。

专家：我这个礼拜打算安排人去做现场。

访谈者：嗯。

专家：为什么呢？因为收到他们那个物管的通知，让他们开始打扫卫生了。大概在周五周六的样子，大概有2000个工人，新工人过来。

访谈者：嗯，好，这是一个理由。

专家：然后物管说200块钱场地费你们自己解决哦，谁愿意做，就是这么简单。

访谈者：就这么简单？

专家：因为前边说了，2000个工人礼拜五、礼拜六到。

访谈者：好，这是很明显的。

专家：对。

访谈者：那比如说，你前面说到你还有一些比较高档的小区，那个如果要去做，从我的经验来说，我可能看不到明显的一个比较大的收益。

专家：有啊，比如说高档的小区会有几个理由，第一是哪个小区是两到三年之内的这种，然后我告诉你有一栋楼昨天拿钥匙了，那这个周末我们要不要去搞一下，要不要去弄一下，看一下谁有兴趣。

当然，如果提不出具体的案例或者场景，也可以与"能举个详细的案例吗？"一起使用。

能举几个例子吗？

大量的经验都来自一线，一线的很多业务专家最大的特点就是会做不会说，你问他绩效好的原因，可能得到最多的回答是"我也不知道"，因此这时就需要讲实际的案例，然后访谈者再根据具体的案例来整理。比如有一次我们访谈一个业务经理：

访谈者：那你平时在拜访客户时，是怎么做的？

专家：就这样做的呀，随便聊聊。

访谈者：聊什么？

专家：就是随便聊聊，什么都聊。

访谈者：这样吧，你把这周去拜访的客户回忆一下，然后举几个例子。

专家：我想想。

这个问题与"都有哪些情况""那可以分分类"类似，只是更偏重于实际的案例，更注重案例的整个行为过程，要突出细节。而分类有可能是具体的案例也有可能就是一些分类，还需要进一步挖掘细节。

在访谈时，业务专家说一些做法或者说法，内容可能比较空泛。有时候，业务专家说了一个新的做法，对于大部分人来讲，这可能是一个新的知识点，那就需要举例说明。比如下面这段是访谈免费旅游的案例：

我有一个朋友经常可以低价或者免费去旅游，有一次和她对话发现，她平时很注意搜寻优惠信息。

访谈者：那你的这些具体的优惠信息是从哪儿来的？

专家：看公众号呀！

访谈者：什么公众号？

专家：那可多了。

访谈者：能举几个例子吗？

专家：比如航空公司。

访谈者：具体点呢？

专家：川航。

访谈者：还有呢？

专家：各种著名品牌的公众号。

在访谈时，经常会碰到业务专家讲了半天实在讲不清楚事情的先后顺序或者做法，那最简单的方法就是举一些实际的案件，由萃取专家最终根据案例自己来进行分类和整理。

能举个详细的例子吗？

与"能举几个例子吗？"相比，这个问题更侧重于对说法进行印证。很多业务专家愿意描述他的做法，这时你需要一个案例来进行印证；或者在讲述做法的过程中并没有讲得特别清楚，可能会丢失一些重要细节，这时不如描述一个真实案例来得清晰，能得到更多有价值的信息。

这个问题也可以简单地问"比如说？"。

【对某软装品牌业务专家与客户初次拜访情况的对话】

访谈者：不一定是业务，就是随便什么你觉得跟别人沟通了一个小时还意犹未尽的那种，有吗？

专家：说老实话可能不多。

访谈者：那有没有？有还是有的？

专家：没有聊到一个小时的。

访谈者：半个小时的有？

专家：半个小时也就是说你能找到一个共同的话题了。

访谈者：嗯……比如说？

专家：打个比方，像我们现在的话。

访谈者：你不用打个比方，你就想一个案例。跟哪个客户，当时因为一个什么事，聊到什么……

专家：走在那边的有一个就是商铺里面的。

*访谈者：*嗯。

*专家：*他在那边玩游戏，和我玩的一个游戏。

*访谈者：*哦。

【对某业务专家主持特卖会筹备的对话】

*专家：*这些事情都交给他们去做？

*访谈者：*那开会时你做什么？

*专家：*我会给经销商做一些辅导。

*访谈者：*辅导什么？

*专家：*就是政策、佣金之类的。

*访谈者：*能举个具体的例子详细说明一下吗？

能提供一些照片（录像、文档、录音等）吗？

这是一个非常重要的问题，重要在哪里呢？这里挖掘出来的内容都是BEM行为工程模型的第一层，是业务专家在工作中的结晶，有一些内容可以直接拿过来用，都不需要进行二次加工，而且能够显著地减少行为代价，提高绩效。我们来看以下几个案例：

【对业务专家展示智能门锁产品效果的工具深挖的对话】

*访谈者：*那你怎么给客户看？

*专家：*我手机里有照片。

*访谈者：*嗯。

*专家：*还有一个用户装好后的效果小视频。

访谈者：这个小视频是谁拍的？

专家：是我第一单安装时，做完后拍的，后来客户有疑问我就给他看。

访谈者：那这些照片和小视频能提供给我吗？

专家：当然可以。

【对业务专家的外呼相关资料深挖的对话】

访谈者：那你刚才说的这三个场景的外呼，有脚本吗？

专家：我们有一个简单的脚本。

访谈者：那外呼时是通过平台（一个外呼的记录平台，可录音）呼的吗？

专家：是的，都是从平台呼的。

访谈者：那可以把录音下载下来吗？

专家：可以的，要找一下。

访谈者：那能把这个外呼的录音和脚本给我们分享一下吗？

专家：我问下我们领导。

访谈者：好的。

【对某软件企业业务专家产品交付及售后答疑工具深挖的对话】

专家：我们没有什么售后的。

访谈者：那如何交付呢？

专家：只需要交付一个账号和密码就可以了。

访谈者：那如果客户出现问题怎么办？

专家：我们有一本一百多页的手册，不过那个比较复杂，我们把其中常见的问题做成了二十个二维码，有问题找一下二维码就可以了。

访谈者：那把这个文档给我们分享一下吧！

专家：那好吧，这个可管用了。

实践证明，绩效优秀的业务专家在工作中一定是使用大量的工具的，在访谈中如果涉及此类问题，必须要求业务专家提供工具。有大量的萃取结果可能就是一个工具、一句话或者一张表，对于同类型的场景是可以直接应用的，而且也是极易进行推广的。

此外，有时在要求举例的过程中，可能会涉及一些文字描述，或者在应用推广的过程中需要给目标对象一些直观感受，也需要专家提供一些材料作为佐证。比如，有时一些宣传画面，说得再好不如给张图；如何做日常客户的分析与记录，就把你的那张表拿来演示一下，这样就很直观了。

【对业务专家手绘草图工具深挖的对话】

访谈者：那你说的这个有总结的资料吗？

专家：土办法，没去总结，我会给他们画个草表。

访谈者：可以啊，手画的也行。

专家：这东西你还要我画给你吗？你自己画一下就好了呀。

访谈者：我希望看到你真实的那个，真实的一个东西。

专家：很简单的，我一般就是手画的。

访谈者：没关系，以前有的也行，反正看一看就行了。

然后呢？或者接下来呢？

这是一个最常用的问题，当业务专家没有说完，因为各种原因停下来时，可以简单地引导其继续往下说。我们在前面讲过作为访谈者的几个重要原则，如要保持中立、不评判、跟随业务专家等，这个问题是最能体现这些原则的。我在做访谈时，如果是一个连续的事件或者动作，用得最多的一句话就是"然后呢？"，只要能调动专家的表达欲望，那你就只需要一直说"然后呢？"就可以了。在中间一直保持好奇心，不要对业务专家说的任何内容做出评判性。这个问题还有一种形式，就是对业务专家不断地表示认可，并适当地沉默，就是在他需要继续的地方先保持一小段沉默，有些业务专家是会继续往下说的。

【对"宽带安装维修与随销"的专家进行"接待拆机需求用户时巧妙随销"流程的挖掘】

专家：用户来拆机时，我都先接下来，说"好的，我来帮你办"。我不会说"你为什么要拆？"，也不会找理由不让用户拆。

访谈者：然后呢？

专家：引导用户坐下来就好了。

访谈者：嗯，然后呢？

专家：给用户倒杯水，再开始营销。

访谈者：嗯。

那什么是评判性的问题呢？就是你对业务专家说的内容会持有自己的观点，然后再提出疑问。比如，说"我觉得这个问题是不是这样的……

你觉得是这样的吗？""刚才说的这个问题，我自己也经历过，不是这样的，你为什么会这么说？"或者以这样的话术开头"我觉得……""我认为……""是这样的吗？……"更严重的还有"不是这样的吧……""不对，应该是……"等。像刚才这个案例中，如果你不注意保持中正，可能就会提出疑问："怎么能说好的呢，不是要进行挽留吗？"那就有问题了，业务专家之所以是专家，肯定有他的一套方法，我们是来学习的，一定要记好这一点。

无论是在描述事件的发展过程中，还是在任务推进过程中，都可以用"然后呢？"三个字不断地深入，除非业务专家说"没有了"，那说明这个行为过程结束了。

接下来又做了什么？

这个问题与上一个问题类似，只是更加强调业务专家的主观动作与行为。前一个问题更全面一些，既可以是客观事实的描述、结果的反馈，也可以是主动的行为介绍。有时如果仅仅用"然后呢？"，业务专家会一直不停地说事件发生的过程，而忽略了这个过程中的行为、这些行为是如何影响事件的发展的，那就需要用到"接下来又做了什么？"，这里需要突出"做"这个字，对业务专家的讲述进行适当引导。

【对业务专家进行"投诉案例"深挖的访谈记录】

专家：有一次接待了一个投诉的客户，可奇葩了。

访谈者：嗯。

专家：这个人酒喝多了，然后来投诉说，我们的产品降价了没有通知他，要退钱。

访谈者：然后呢？

专家：这怎么好退呢，就想把他让到接待室。

访谈者：然后呢？

专家：他就在那边大吵大闹，不肯走。

访谈者：然后呢？

专家：就是不肯走。

访谈者：那接下来我们做了什么？

我们再次强调不是对描述的内容的对与错进行引导，而是对讲述的方向进行引导。访谈过程中还是要尽量跟着业务专家的思路走，这样才可以还原事情的原貌。我们在提出这个问题时，依然是沿着业务专家讲述的方向，顺着这个行为往下问，直到这个行为结束为止。

如何反馈的？

反馈是判断行为有效性的途径，反馈有很多种，比如事件完成后的数据、设备安装中的检测。我们这里讲的反馈更强调人的反馈，通过业务场景中其他人的行为反馈来检验业务专家行为的有效性，与结果性问题是有一定区别的。在这里更强调访谈过程中对一个具体行为或者动作的反馈，不是对这个行为最终结果的反馈。比如，在销售中并不是每一句话都能打动客户的，哪些话能打动客户，一定会在行为上有所体现,那客户的这些行为表现就是最重要的反馈。在会议中,大家的讨论没有焦点,你希望快速地将大家从无序的讨论中拉回来,可能做了一些动作或者说了一些话,这些行为是否有效,在现场有些具体的表现,这些表现也是反馈。我们来看下面这段对话:

【对业务专家进行营销步骤深挖的访谈记录】

专家:我会先问一下用户的消费。

访谈者:嗯,然后呢?

专家:问完之后,就去查用户现在的通信消费。

访谈者:怎么查?

专家:就是跟用户讲"我帮你看一下实际消费?"

访谈者:嗯,很好,那客户是怎么反馈的?

专家:会有几种,一些是比较顺利,还有一些不让查的。

在这个案例中,通过这个问题就发现用户对这个话术是有不同的反馈,那针对这些不同的反馈就需要有相对应的解决方案,这个行为的萃取才做得比较完整,不然在应用中就会遇到困难,除非这个反馈是一目了然的。接下来是一个反面的案例。

【对销售时遇到竞争对手产品时的处理话术的访谈】

访谈者:那如果遇到用户已经装了竞争对手的宽带,你会怎么说?

专家:我就问您"这个宽带用得怎么样啊?慢不慢?"

访谈者:那客户是怎么反馈的?

专家:大部分客户都说"还行"。

访谈者：然后呢？

专家：然后我就不知道怎么说了，有点尴尬。

我们在生活中有大量这样的行为，根据自己的习惯在做，是下意识的，甚至为什么这么做也不知道，因为别人也是这样做的。但是这样做了之后有没有用其实并不知道，不去思考。这个问题就是要让我们去想一想，我们的行为与我们的目标是否一致，已经做的动作、说的话术或者发生的行为有没有使我们距离目标更近一点，如果没有，那就要去重新思考这个行为是否有效。

在实际的访谈中，每一个重要的话术与动作都要问清楚客户的反馈，了解这个动作在这个行为过程中的影响，对于找到关键的方法、行为是至关重要的。

还有谁与这件事情有关，他们做了什么？

这个问题是另一个起点，大量的工作不是一个人独立完成的，是需要合作的，那在访谈的过程中就必须要对其他人的行为进行了解。如果是比较简单的工作，那业务专家说的基本上就可以了，比如，你去萃取一个培训的组织工作，肯定会问助教要做什么，业务专家讲的内容不会有太大的差别，而且这些工作可能只是辅助性的。如果是一个比较复杂，涉及多个角色的任务，还需要对其他人进行一次萃取，听一听他们是怎么说的，分析这之间是否有不一样的地方，这样才能发现事实。我们来看这样一个案例：

【对业务专家进行关于"客户拜访"同行人员结构及行为深挖的访谈记录】

访谈者：嗯，你们拜访客户的过程很顺利，除了你，还去了哪些人？

专家：我们一共去了四个人，我、客户经理、产品中心的人，还有一个设备厂商公司的人。

访谈者：那他们去做了什么？

专家：客户经理因为是他的客户，肯定要去的，因为客户关系在那里；因为这次去主要是解决技术问题的，所以产品中心的人主要是介绍相关功能与技术参数的，设备厂家公司是主要的技术支撑，其实是做了一个备份，怕有些技术问题说不清楚。不过后来的事实证明，带上设备厂家公司的人是正确的。

访谈者：怎么讲？发生了什么？

专家：客户提出了一个非常专业的问题，后来是由设备厂家公司的技术专家带回公司解决的。

这样就把一次拜访客户的过程了解清楚了，也说明了一个特别重要的细节点，就是带上了供应商的技术专家是非常必要的。

在实际的工作中，还会出现一个会影响访谈内容真实性的现象，就是领导已经说了这个事情是一个什么情况，再去访谈时，业务专家为了与领导保持一致，说的话就会打折扣。遇到这种情况，尽量多找一些相关的人来做些访谈会有助于了解真实的状况。比如说，有时分公司采用了一些非常规手段导致绩效提升，但是这个不能说，上一级部门还得来访谈你为什么做得好,就不会得到事实。你可以去访谈一下与这个政策有关的一些基层员工,或者第三方的人,如渠道商,就能较好地了解这个事情的真实情况。

如果我就是客户,您会怎么做?

接下来的这三个问题都是场景导入,是在遇到特别困难时使用的。在访谈中最困难的其实就是业务专家因为各种原因,无法回忆出来一些具体的细节,也没有办法讲出具体的案例,那只有退而求其次,请他讲做法。如果是泛泛地讲做法,不可避免地会遇到丢失细节的问题,我们在这里给大家一个工具——场景导入。什么是场景导入?就是访谈者根据访谈的目标和业务场景,在访谈对话时模拟一个具体的业务场景,从这个业务场景出发,请业务专家来讲述他的具体做法,一步步地引导他说出行为细节。

经验萃取的课题很多都与销售有关,最简单的场景导入就是访谈者自己变成客户,然后请业务专家根据模拟的场景进行现场应对。这就要求访谈者对这种类型的销售场景有一定的了解,这也是我们一直强调的不要让外部专家来进行萃取,而要让经过萃取训练的内部专家来进行访谈的原因。在进行场景导入时,作为访谈者一定要将场景描述清楚,是销售中的哪个环节、遇到了一个什么样的场景、哪种类型的客户等。如果这个过程中业务专家提出意见,一定要根据业务专家自己的意见来,我们要记好了,所谓的场景导入只是一个手段,目的是引导业务专家说出他的经验,他既然开始讲他的意见,那场景导入的任务就结束了,是不是按照这个场景说的其实并不重要。

【对业务专家进行关于"拜访客户心得"挖掘的访谈记录】

访谈者:就是拜访客户过程当中有什么心得。

专家:没有什么心得,就是要跟人家相处呗。

访谈者:这怎么相处?

专家:就是……

访谈者:比如说你现在遇到我们三个人,你会先找谁说话。

专家:我不知道,你们三个人这么熟。

访谈者:哈哈哈哈……

访谈者:就是进门你会怎么做,比如说有三个人坐在那儿办公。

专家:如果那个人在忙,我肯定不找他。

访谈者:哦。

专家:特别忙的我肯定不找,肯定要找一个比较闲的人问他一下。

访谈者:哦,会大概观察一下。

专家:嗯。

在场景导入时要注意不能太宽泛,最好是一个特别具体的业务场景,比如"我现在是客户,你会怎么对我开始销售"。这个就比较宽泛,本来业务专家就特别困难,不知道怎么说,你这个场景他依然不知道怎么说。如果说:"你刚才说要去拜访客户,比如说现在进来了,看到我们三个人在聊天,你会怎么说?"这就是一个比较具体的场景,业务专家就可以说出他的应对话术，然后你就可以用"然后呢？"这个问题不断深入引导。

比如下周就要开始做，现在做什么？

刚才那个问题是面对的客户，还有一些业务场景可能是一个有多个步骤、涉及多个人员分工配合的工作任务。在这类任务的访谈中经常会碰到业务专家讲了一大段，他自己觉得说清楚了流程，但是访谈者根本就没有听明白。这是因为"知识的诅咒"的存在，业务专家的讲述有一个庞大的知识背景，有一些动作或者方法已经变成了他下意识的行为，他可能根本就没有讲，但是对于受众来说，可能就会因为这些细节导致听不懂。

这时可以代入一个真实的场景中去，模拟一下全流程的行为。就是给他一个类似的任务，从第一步开始，一步一步地讲，先做什么后做什么，这样就可以把这个过程描述得比较清楚。

【对业务专家进行关于"组织下游经销商集合团购"的步骤深挖的访谈记录】

专家：我这边的经销商都很能够接受这样的一个方式。

访谈者：我大概听了一下，比如说，我们下周末要搞一场这种集合团购会吧。

专家：嗯。

访谈者：要准备去搞活动了，对吧？

专家：嗯。

访谈者：然后第一件事先做什么？从你的层面来讲，首先做什么？

专家：我会先有一个策划场地的安排。

访谈者：场地的安排。

这个问题只是一个举例，在实际运用中时间必须按照业务场景的时间来确定，比如，这些工作你每天都要做的，那你到单位的第一件事情做什么？在问这个问题时，我的习惯是用"第一"这个词来描述顺序，而不是"先"，如果用到"第一"这个词，业务专家的描述会更加的准确，这是访谈的一个小技巧。

你去的是一个什么单位？客户的姓名叫什么？

这是一个帮助业务专家进行回忆的问题，其实也是一个场景导入，不过这是一个真实的场景导入，而不是模拟的。人是有记忆链条的，业务专家有时候不知道从哪里讲起，只是没有找到这个链接的起点。那什么样的起点比较合适呢？一定是比较简单和确定的。因此如果是销售案例，我一般会让业务专家先回忆客户的姓名，如果是一个印象比较深刻的案例，这是一个基本要求。除了这些，还有一些信息也是可以作为记忆链条的起点的，比如，"这个事情大概是几月份发生的？""这个事情大约是在哪里发生的？"时间、地点、人物都是比较容易回忆的，而且这些内容没有具体的做法，如果有些业务专家防卫心理较强，这些内容比较容易在一开始引发话题。

在问这个问题之前，我通常还会说一个要求，就是"您不用急着说，先给您五分钟的时间，根据刚才说的这个业务场景，您回忆一下，近期有没有这样的案例，给您印象比较深刻的"。然后先让业务专家回忆一下，再开始访谈。

作为访谈者就是要找到一个记忆链条的起点，从一个点出发，引导业务专家把整个事件回忆并讲述出来，避免陷入空泛的做法描述，用场景导入是一个比较有效的方法。

你的感受是什么？什么原因让你有这样的感受？

在访谈中，我们的目标是发现关键的行为，要尽可能地依据事实，多谈客观，少谈主观，但是不可否认的是，业务专家之所以业绩优秀，一定是有丰富经验的，一些经验也是难以完全萃取出来的。因此在某些环节是可以听一听业务专家的主观意见的，这些意见对于认定哪些是关键行为有很重要的参考意义。

业务专家的感受是行为有效性的重要依据，也是进行知识构建时的重要影响因素，特别是在有人参与的业务场景时更为重要。有时业务专家可以根据直觉进行判断，这些直觉就是经验的体现。比如在一个关键的对话中，有时什么话都不说，我们也可以感受到场域的变化，那这些变化你让他描述出来可能就会比较费劲，也没有必要，这时请他谈谈自己的感受也是可以的。

而原因的分析可能就会蕴藏了大量的经验在里面，因为直觉也是一个决策过程，你是依据什么来决策的，你为什么会有这样的感受，别人为什么没有，这些差异可能就是关键的信息。了解原因的过程可以让访谈更加深入，也有可能激发出更多有价值的信息。

这些行为、动作或者路径话术的先后顺序是什么？

从绩效改进的角度来说，有时流程的微小改动就可以带来绩效的大幅提升。访谈过程中，业务专家有时会一口气说出一连串的动作或步骤，这些动作有可能与你了解的是一致的，为什么业务专家做这样的动作就有效，而其他人没有？可能是别人没做，也有另外一种可能性，就是他做的顺序与别人不一样。我们来看下面这个例子：

【对业务专家进行关于"营销中主动添加用户微信"具体流程深挖的访谈记录】

访谈者：你刚才说到你也会加微信，效果怎么样？

专家：效果挺好的呀，基本上都会加上。

访谈者：那你是怎么加的？

专家：差不多吧，就是问下用户的微信号，提醒一下用户，然后说一下自己的微信名，还要说一下客户的微信名，就这些吧，都差不多的。

访谈者：稍等稍等，你把顺序理一下，先说什么后说什么？

专家：我想一下啊，肯定是先问用户的微信号，然后在电话中向客户确认一下他的微信名。

访谈者：等一下，你加微信时电话还没有挂断？还在与客户通话中?

专家：是的，对对对，这个特别重要，一定是先加再挂机，不能弄反了。

访谈者：然后呢？

专家：然后就是说一下自己的微信名，再提醒用户我已经加了您了，你待会儿通过一下，就可以了。

你看，同样是加微信这个动作，别人是挂机后加客户，也没有提醒，客户通过率就极低，他只是改变了一下顺序，增加了一个环节，就极大地提高了通过率。这个案例比较简单，如果遇到复杂的案例，要进行多次的重复与确认，确保准确性。

这些行为、动作或者路径话术之间的关系是什么？

这个问题与前一个问题类似，只是有时候可能这些动作并不是一个简单的线性关系或者先后顺序，而业务专家在描述一组行为或者动作时，又表达得比较混乱，这时就需要请业务专家分析一下这些行为的内在关系是什么。

这个关系有可能是存在的，也有可能是不存在的。如果业务专家是有内在逻辑的，但是并没有将这个逻辑显性化，就需要请业务专家明示逻辑关系，最好能够用图形展示。

结果性问题

这件事情的结果是什么？

结果是判断行为有效性的依据，每一个具体的过程都需要问结果是什么。当然有些结果是显而易见的，如一些公理、定理、定律，正常情况下你不需要去问别人从高空扔一个球，它会不会掉下来。但是在实际的工作中，我们存在大量的无效动作甚至行为，乃至于工作任务，业务专家可能仅仅是描述了他的一项工作任务——领导让做的，但是这件事情到底有没有产生对绩效有影响的结果，可能都没有去分析，也有可能分析了，但是不方便说，总而言之一句话，"你做的这件事情的结果是什么"请业务专家讲一讲。

结果可以是定量的分析，也可以是定性的结论，如利益、经验、教训或者损失等，甚至感性地描述一下事情的结果，做了这件事情很开心、很激动等都是可以的，因为这只是结果的一个引导性问题。这个问题不需要太多引导，先请业务专家说，说的过程中他可能会说"很好""搞定了""还是有些不满意的""下次要注意，有些问题不能这样解决""不太满意"等，然后你只要接下去问"原因是什么？"就可以深入地挖掘出具体的结果分析了。

目标达成了吗？判断的依据是什么？

如果业务专家在描述结果时仅仅是讲了自己的判断，如"挺好的""符合预期",就需要引导其理性地判断事件或者行为的结果。在这里我们一定要认清结果是一个相对的概念。比如,GDP年增长6.5%,这是一个好的结果吗?单独来看可能并不能判断,改革开放以来动辄百分之十几的增长,看起来6.5%并不好。但是这个与年初的目标相比,工作报告定的就是6.5%上下,说明这个结果是好的。也可以通过横向来比较,在大的经济体中,美国、日本、欧盟等都在1%~2%,也说明我们的结果是好的。因此,问结果必须要问两个内容,一个是与目标相比较,另一个是判断的依据,当然最好是能够定量分析的。

【对业务专家进行关于"经销商营销业绩评价标准"深挖的访谈记录】

访谈者:好,其他的你就说积极性很高,那结果呢?

专家:结果的数据在里面有。

访谈者:就是这里面有数据,是吧?

专家:有。

访谈者:就是除了那个,刚才说得最好的,其他经销商的结果呢?

专家:其他几个我没有单独地把数据拉出来。

访谈者:那你是如何判断结果的好与差的?

专家:当然从我们分局整个的量来看,平时就是工作日,这天正常的话,我们光看A品类,一般是在40~60单,好一点60单,基本是在50单上下的样子,现在是平均下来每天80单多点。

结果对于判断萃取出来的行为是否有应用价值,有至关重要的影响，因此不能含糊不清，要尽可能地给出说明。有时没有数据也要请业务专家估算一下，比如我们说的给客户分析账单并对比的这个动作，业务专家在讲述的时候，他自己是没有数据的，我们看到的数据只是一个结果，那这个动作与结果之间是不是存在一个线性关系，只能是这个业务专家自己凭感觉来判断，即使这样，也需要他做出一个判断。这时他她可能会说"我每次做了这个动作，感觉成交就特别容易"，那这就是依据。

关于数据，在大量的企业实践中，并不是每一项工作都会定出具体的工作目标，那就要采用一些统计方法去进行比较，如同比、环比等。还有一种情况是比较常见的，就是没有数据，这时科学的方法就是去做采样或者调查，找到数据，你可能今年没有数据，但是如果不做，有可能永远都没有数据，定量分析在绩效改进中是很重要的一个环节，因此要尽可能地去采集更多的数据。

我们前面讲到一个关键的行为，就是在销售的过程中给客户分析现有套餐的合理性，并与新的套餐进行对比，这个动作对于成交是具有引领性作用的。但是这个动作是店员在销售过程中手工完成的，一个本地网可能有近千家门店，你怎么统计这个动作是否有改善呢？初期也是没有数据的，后来有一个本地网开发了一个可以线上完成的小程序，很好用，很方便，就有大量的店员开始使用。我们不强求每个人都用，但一旦数据有了，就可以去与成交结果做对比分析，并做环比的分析，就能慢慢带来绩效的改进。

什么原因让你做出这样的结论？

业务专家的判断对于后期的知识构建是重要的参考标准，有些行为的结果可能真的没有办法用一个数据或者客观的标准来衡量，那就只能依靠业务专家给出的结论。这些结果可能是发生在任务完成过程中的中间结果，因为一旦任务完成，结果就是明确的，那原因也相对是明确的。

【对制造业大客户销售专家进行关于"二次拜访大客户签约过程"深挖的访谈记录】

访谈者：第二次去的结果如何？

专家：我感觉挺靠谱的，人家不可能这么快和你签约的。

访谈者：那你说的挺靠谱的，依据是什么？

专家：在见面的时候，那个技术总监对我们提出的技术方案很感兴趣，问了三个很技术性的问题，而且后面还让我们去做一个测试。

访谈者：还有呢？

专家：然后在说预算时，我还特意观察了一下那个账务总监，没什么表情，很淡定，说明这个价格他们能接受。

相对于前面的问题，这是一个感性的问法，即使这个事情根本没有办法进行定量的分析，那也要业务专家说出判断的依据是什么，经验也好，直觉也好，哪怕是拍脑门，你拍了几下，总是一个依据，这些依据里也会蕴藏着一些关键的细节，比如上面这个案例里讲的观察就是一个很好的动作。当然感性的分析肯定没有定量的分析更能说明问题，萃取师在后期整理时可以再判断哪些是重要的。

您的收获是什么？那其他相关的人呢？

这里的收获不是结果，是针对团队或者个人来说，除了绩效提升了，在经验、方法或者教训上有没有具体的收获。这些收获有可能比较简单，就一句话："我没什么收获，反正我一直这么干的，挺好的。"也有可能比较复杂。比如，我们前面讲的通过招投标的方式开展地推，业务专家在说收获时就说道："一定不要摊派，那样只会带来我们与代理商之间关系的持续恶化，而且别人能听你一次，如果不能给他带来收益，那就不会听你第二次、第三次。我们现在采用赛马而不是相马的方式，把前期工作做充分，把每个场地的特点与时间匹配好，把代理商的情况分析清楚，把客户的需求搞明白，让代理商自己去选、自己去做，不仅收益好，而且人轻松。"

在专家访谈中，我们的专家还会有一些"意外收获"给我们启发，就是通过访谈把他的思路理清楚了，他原来可能知道这么做不错，但是可能没有搞明白哪个步骤是关键的，通过访谈的反复提问，他自己就提炼出来了，当然这个结果对于萃取来讲也是很有意义的。

另外，从团队的角度来看，每个人的收获是不一样的，每个角色也是不一样的，必须要了解这个事件中每个相关角色的收获是什么，这样的结果就更加全面。

【对某运营商渠道负责人进行关于"旗下代理商营销收获成果"深挖的访谈记录】

访谈者：刚才说到了你的收获很多，那代理商呢？

专家：我的收获都是经销商做出来的，我最牛的一个经销商，就是案例里面说的那个集宿区，从2月26号我逼着他进场，他说要准备准备，硬是给我逼进去了。

访谈者：结果呢？

专家：200块钱一天的场地费，先交了一个礼拜，然后做了两天以后，告诉我"周总我续了半个月的钱，最高的时候一天是80个量，最低一天50"。

回顾性问题

您觉得这个过程中哪个行为是最重要的？如果只能有一个，您觉得是哪个？

我们在复制与应用的过程中，最有效的办法就是找到关键的行为、具有引领指标的行为，或者是流程步骤，这些行为如何确定，业务专家是最有发言权的。当整个案例真实还原之后，请业务专家根据自己的感受指出其中的关键过程，要质疑其他的行为为什么没有被选择为关键行为，这是个不断碰撞及反复的过程。

【对业务专家进行"营销活动重要环节"挖掘的访谈记录】

访谈者：那你觉得重要的环节是什么？你自己觉得……

专家：最重要的是事前。

访谈者：事前，嗯嗯。

专家：不在当时。

访谈者：就是并不在当时的那个营销上。

专家：当时的营销我刚刚说了，你只要去看一下，纠正一些方法就好了。关键是事前，事前你的准备工作够充分，就是从选址到选商，到选人，到你准备什么样的套餐。

访谈者：包括时间点。

专家：对，功夫全在事前。

在实际的访谈中，确认关键过程要比这个复杂得多，访谈者可以从批判的角度进一步提问，比如为什么是这个过程这个动作，而不是那个过程那个动作，经过反复碰撞才有可能找到最有效的解决方案。

在一次大客户营销的课程开发中，涉及第一个案例挖掘过程，当时业务专家说道："在活动准备期间，会让客户联系人找一些熟悉而且有需求的员工提前到场，并做好成交准备。"此过程并没有被列为关键过程。但是，在第二个和第三个案例中，业务专家都提到了这一过程。我就问第三名业务专家："那提前准备一些客户是关键过程吗？"业务专家非常肯定地说："是的，而且我那次活动的第一天成交之所以很快，就是因为这个原因。第二天一开始没有人，还找客户联系临时找了些人来，后来才慢慢好了一些。"你看，他原来并没有说到第二天还专门找客户联系人的事情。

如果任务比较复杂，在提出这个问题时，业务专家可能会说哪个过程都重要，都必须要会。在工作实践中，如果让员工去掌握一系列的动作或者话术是比较困难的，最好是一个动作或者一个话术，或者有一些不需要记忆的辅助方法，因此关键行为必须简单简单再简单。一旦业务专家认定的关键行为过多，那就必须要请他选择"哪一个行为是最重要的，只能选一个"，或者"请按照重要性来进行排序，而不是行为顺序"，还可以按照熟练程度来进行排序。比如，可以这样说："第一步要做什么？哪些可以后面再说？"我们需要的就是在一个时间点内解决一个关键行为。

在初步确定关键行为后，要与业务专家共同确认这个行为的具体步骤、各个步骤之间的边界、使用的条件、进入下一个步骤的条件是什么等，以及在这个过程中会不会有什么需要注意的地方与常见的困难，最终就是针对某一个具体业务场景的解决方案。

你觉得在这件事情上，新手和专家的差别最大的地方是什么？

优秀的人之所以优秀，就是少犯错。即使是成功的案例也会有不完美的地方，把这些问题找出来，就可以更好地去帮助其他人。因此，要请业务专家分析一下，同样的场景，如果换一个新手来，他要注意的问题是什么？应该怎么解决？或者说，如果要参照他完成这一案例，还需要做哪些准备工作、具备什么能力和知识。如果是一个新手，你有什么建议？如果你的下属去做，他要注意什么？这个过程中哪些是不必要的？

【对业务专家进行关于"新手如何提高销售成功率"挖掘的访谈】

访谈者：你觉得在销售中，要提高成交率，作为新手最要注意的是什么？

专家：新手最容易犯的错误就是上来就向用户推产品，客户特别反感。

访谈者：那他应该怎么做？

专家：先跟客户聊聊家常，聊聊客户的产品，刚才我不是都说了嘛，就这些，等熟了客户自己会跟你提的。

访谈者：那要聊这些，他也不会啊，那要怎么做？

专家：学呗，比如我这个家居市场，总有一些商家的员工比较热心，我就天天泡在这儿，跟她们聊家常聊八卦，这些都是知识，特别是那些八卦，你再和别人聊时，他们就会认为你是和他们一样的人，特别好。

访谈者：就是跟客户学。

专家：嗯。

绩效改进的核心就是找到差距，针对差距进行有效改变，如果业务专家知道这些差别，那在找到关键行为方面就会事半功倍，组织应用和推广时也会更有效率。

您刚才说的这个方法可以解决，还有其他的方法吗？

业务专家之所以是专家，在这个案例中可能仅仅使用了其中一种方法，但是大部分业务专家都是偏向保守的，用这个问题可以挖掘出更多的经验或者方法。

请业务专家假设一下，如果现在回到那个场景去，有没有其他的做法？这些做法是什么？什么原因没有采用？在关键过程这一步，要不断地运用批判性思维去提问，诸如"选择或者不选择""做或者不做""说了这句，为什么没说那句"之类。任何过程都具有两面性，正反都要讲清楚，只有清楚不能做什么，才能更有效地做好应该做的，而且在这一反复提问的过程中，还会发现新的细节。关键还需要和其他案例相互印证，即其他人没这样做的结果是什么？或者其他人也是这样做的，要有正反两方面情况的比较。比如前面说的那个拆机案例，我们在访谈结束时是这样问的：

【对业务专家在遇到客户退订时，如何稳定用户情绪的其他方法挖掘的访谈记录】

访谈者：别人都是先问是什么原因要退，并不会先说"好的"。

专家：是的，我以前也是这么说的，但是客户根本不会和你说原因，有时甚至拍桌子骂人，后来我先说"好的"，请用户坐下来，再问原因就会好一些。

访谈者：那除了"好的"这句话有没有其他的说法，客户如果一定要退呢？

专家：我不知道，我一直是这样说的，如果客户一定要退，那你说与不说是一样的，反正我说了也没有什么损失。

访谈者：明白了。

由于在访谈的过程中，我们是针对单个的案例进行访谈的，一个案例的涉及面比较小，并不能说明这个业务场景下的全部情况，这个环节，是一个必要的补充，能够发现这个场景下的一些新方法。

【对业务专家入户营销切入方法深挖的访谈记录】

访谈者：你刚才说进门时都是跟用户拉家常，除了这个方法还有没有其他的方法？

专家：方法其实还挺多的，每个人都不太一样。

访谈者：那你呢？还有哪些方法？

专家：比如我有时会带一个空杯子，如果遇到客户不太反感，我会说明一下，然后问客户能不能倒杯水，这时用户一般都会让我们先进门，然后再说服务的事情。

访谈者：嗯，还有呢？

专家：还有就是如果碰到男的，我有时会递根烟，如果他接了烟那进门的机会就很大了。

从你的经验或者角度来讲，这些做法当中有哪些地方可以改进？应该如何改进？

在访谈过程中挖掘的是已经发生的行为过程，一方面来讲，这些行为可能是存在瑕疵的，当时在做的时候可能并没有考虑清楚，或者第一次做没有经验；另一方面，业务专家在介绍经验时可能会主动避开那些瑕疵，做得不好的地方就不说了。如果没有找到这些瑕疵，那在推广的过程中，可能大部分人会重复业务专家已经发现的问题。找到这个问题，还要找到改进方法，那业务专家作为亲历者是最有发言权的。为了在复制应用的过程中少走弯路，在行为过程已经了解的基础上，可以请业务专家讲一讲改进的点。

【访谈者引导业务专家对成功案例改进点挖掘的记录】

访谈者：这个案例很成功，那有没有哪些地方可以改进呢？怎么改进？

专家：还是有的，我们当时在申请资源的过程中耽搁了一些时间，好在中间有一个春节假期，没有误事。

访谈者：能够详细说一说吗？

专家：就是客户需要的业务资源比较庞大，我们作为四级单元是没有办法直接给的，必须要通过省公司找集团产品中心协调，如果需要的话还要申请外省的资源，我们一开始没有意识到这个问题，也没有想到流程这么复杂。

访谈者：那要怎么改进呢？

专家：我们是等客户签约后才着手申请资源的，有点晚了，其实在初步达成意向后就可以着手申请，如果客户关系比较好，甚至在接到这个信息时就要开始，这样时间就差不多了。

访谈者：就是原来流程图中申请资源与客户沟通这两个步骤并行，而不是先后的顺序？

专家：是的。

那在这个过程中有没有遇到过什么困难，又是如何解决的？

每一项工作都不会一帆风顺，一定会遇到困难，这些困难的处理方法都是难得的组织经验，可以让初学者少走弯路，快速成长。这里最重要的是一定要问是如何解决的，我们的目标不仅仅是困难，更是困难的解决方法。我们来看下面的这两个案例：

【案例一：社区营销现场困难深挖访谈】

访谈者：都遇到过哪些困难？

专家：现场没人来呀、呼了没有人搭理你呀，都有，你见过的我都见过。

访谈者：对，我知道，怎么处理？怎么解决？

专家：会有那种失败的，就是做下来之后好失败，一天没做到业务的。

访谈者：对，对，对。

专家：就是涉及你昨天说的那个周六晚上的小复盘，就是会看，一天没业务，晚上会问一下什么情况，是来了以后，我们推了都不成功，还是怎么着。还是没人来，你外呼的时候是一个什么样的结果，为什么没有人来？如果是因为天气原因什么的，实在不行的话我们就下周再说。如果是你外呼了用户都表示有意愿，但他最后没来，你有没有再补一遍外呼？你今天晚上可以再补约一下，跟他敲定明天我在楼下等你。这样你补一遍，提醒他一下。

访谈者：还有呢？

专家：还有就是来了没成。为什么没成？是对我们的套餐不满意，还是说我们的营销话术有问题，是不是存在什么共性的问题，根据这一点怎么去改正？

访谈者：这个事儿谁做？

专家：我会带他们做。

【案例二："查用户话费所遇困难"的深挖访谈】

访谈者：那在查用户原来的消费时有没有遇到什么困难？

专家：当然有啊，有些用户不愿意让你查。

访谈者：嗯，那怎么办？

专家：我们总结了几个话术，其中有一个特别有效，我会这样说："你看××公司经常不经用户同意，私自给用户开增值业务，我帮您看看有没有。"或者："我们这段时间接到不少用户投诉，说话费莫名其妙地变多了，我帮您看一下有没有。"

访谈者：那效果如何？

专家：基本上都可以，当然也有个别的，特别固执的他不愿意。

访谈者：那怎么办呢？

专家：那些就算了，这个真的不多，我没碰到过，我同事碰到一个。

在确认一个关键行为时，要尽可能地将这个业务场景下的困难考虑全面，而不是仅仅讲一个最顺利的场景。

您觉得最难的地方在哪里，难在哪儿？您又是如何面对这些难点的？

困难是有程度区分的，有些困难真的是没有办法解决的；而有些困难经过一些经验积累以后不需要去解决，如果能挖掘出来也能让别人的工作更有效率。有些困难可能比较普遍，解决方法也容易想到，还有一些困难比较独特，或者解决方法比较难想到，这些困难都需要单独地标示出来。比如前面这个案例，问的过程中有一小段是这样说的：

【业务专家在访谈中提到的销售中较困难的情况】

专家：有一种情况可能比较难。

访谈者：哪种？

专家：就是你问用户消费量，他说我每个月只有10块钱或者20块钱。

访谈者：难在哪儿？

专家：就是你查下来基本上也就是10块钱或者20块钱，一块钱都不会多的。

访谈者：那这种情况怎么处理？

专家：我如果有时间就随便和他聊聊，如果没有时间就不管他了，这种用户的成功率极低，没什么意思。

访谈者：那如果是新手，您的建议是？

专家：还是别管了，真的没意思。

访谈者：好。

专家：还有一种就是新小区不太好搞地推活动。

访谈者：那怎么办？

专家：最好的办法是找物业，不要做地推活动了。

这两个案例的困难都是在这个业务场景下没有办法解决的，第一个就直接放弃了，第二个其实是转换到了其他的业务场景，具体的方法可以在其他的业务场景下再说明。

提问的顺序

很多人在学习了 R-STAR 结构以后，想当然地认为我们就从背景性问题开始访谈，其实这样做的效果是很差的。背景性的问题有时业务专家是说不清楚的，另外这是一个分析性的问题，会引发业务专家的思考，并不利于发掘行为的细节。因此提问的顺序应该是先访谈行为，也就是 A 的部分，这个是业务专家做的，他要做的只是回忆，而且是据实回忆，这样有利于先将行为的部分展现出来，然后再去了解其余的三个部分，这三个部分的内容更多的是帮助理解行为产生的原因或者目标，最重要的其实还是行为本身。

还有就是 R-STAR 的结构是可大可小的，大到一个几万字的案例可以按照一个 STAR 结构来写，小到几十字的案例也可能写成一个单独的案例。大量的案例都是无数个STAR的结构组合起来的。比如，一个复杂的销售案例，前面的结果可能就是后面的背景和任务，每一个环节都必须要有清晰的结果。我们要做的是在心中有这个结构，但是在提问的时候不需要拘泥于这个结构，要灵活运用。

某运营商基层公司计划在全区公开征选一批代理商入社区做营销活动，并预商谈拿下了一批社区进入资格，此次活动圆满成功，省公司专管领导计划将此事打造成标杆推广，为此委派访谈专家到当地对筹备组织这次营销活动的业务专家进行访谈取经，以下是访谈节选。

访谈者：好，那我问一问。在"报名选小区"这个环节，很可能会出现两种情况，第一种就是你想去的那个小区没有人报，另一种是一个小区有多个人报。

专家：嗯，会啊，一个小区多个人报的话，简单，提高门槛。我会有场面上的要求，多少个人。

访谈者：嗯。

专家：然后我还会有要求，就是你要多少量。

访谈者：这个事儿谁说？什么时候说？是报完之后再说，还是……

专家：报完之后，我不预先加那么多门槛，万一都吓跑了怎么办！就像你说的，如果同时三家都说："啊……周局我要做"，三家都要做。好！三家都要做，那我提前跟你们说清楚啊，这个现场领导会来看，要求至少是两顶帐篷6个人，你自己算一下，人够不够，可能就会有人因为这个退出了。

访谈者：嗯，这就有人退出了。

专家：然后还有，这个现场你是要给我做出量的，这么好的场子，能三个人同时报的场子一定不差，你是要给我出量的，我们的指标是多少，我们先谈清楚。

访谈者：嗯嗯。

专家：然后也会看一下，比如，有一些店，他确实能做得很好，有一些就是明显他想做，但他不一定能把这个场子做好，就会有一个倾向性。

访谈者：那倾向性怎么表达出来呢？

专家：办法就很多了，比如，你上个礼拜跟我说这礼拜准备炒店员的，你店里还炒不炒了？这个礼拜发薪哦，你店里人员安排得过来吗？你各种方法就可以把事情推下去了，或者下个礼拜给你换个场子，这个礼拜给场子先热一下，热完了以后，做出了东西下个礼拜你上，这个礼拜没热出东西就拜拜了。

访谈者：嗯嗯。

专家：这种场子一般都会有心目当中的首选对象，不太可能会让他们放开了这么去。然后如果碰到说，一家都不愿意报，就我刚刚说的嘛，你们回去考虑一下，下午的时候告诉我。

访谈者：要还是没有人报呢？

专家：那我就打电话啊，点名呀……

访谈者：那点名会不会回到就是，你一开始说的变成摊派了？

专家：不会啊！我们都参加过N多次培训的，然后就开始抓痛点啊，各种痛啊。

访谈者：就是并不是简单地说，你这个代理商适合做这个事儿。

专家：那要是你觉得这个代理商不合适呢？

访谈者：那怎么说？能不能举个案例？

专家：上周就有一个，我打电话给那个代理商说了一下。

访谈者：说了什么？

专家：就是问一下，"你家最近什么都不干了是吗？"他说："我都干了呀！""你都干了什么呀？开会你也看到你们家那发展量了，这个样子你就能交代了？你那个房租，天天跟我喊压力大压力大，我觉得你压力一点都不大。"他回说："我压力好大呀！"我说："好大我也没看你业务上来呀！"他说："没有啊，我已经很努力在做了。"我说："那怎么业务量没起来？"他说："我也不晓得，都没有人进厅。"我说："街上那么多人，怎么不进来的？"他说："我也奇怪呀！"我说："那你不出去找找人啊！"他说："那我这个礼拜想休息的呀！"

访谈者：然后呢？怎么办？

专家：我接着说呀："那你这个礼拜休息干吗呀！出去玩呀？房租都付不出来了，电费都没了，工资都不晓得在哪儿了，你去哪儿玩儿啊？周六、周日出去外面看人吗？周一到周五出去玩，哪儿都空，还有这个地方我跟你说，确实不错，为什么先打电话给你，我都没跟其他人说，觉得你最合适，为什么呢？一、二、三、四、五，而且你看看去，别人家都在动,你是越差还越不动,最后想干吗?你要是就想收电话费,你趁早跟我说,我在你隔壁再开一家店,你别哪天不开了,你临时告诉我,我没店好开。"然后他说:"哎呀!算了算了,不休了不休了。"说到这儿基本上就成了。

访谈者:什么叫基本上成了?

专家:就是可能还会有一些问题需要处理,这个代理商他说也有问题啊,他这个这个有问题,那个那个有问题。我就回,有问题咱们就处理问题嘛!最后找出来他说他那边可能人还稍微缺一点。我回:"没事,从渠道中心给你借两个督导,你最喜欢的那个督导,把他借过来,我来帮你忙,还要讲什么呢。"他就直接回复:"行吧,我试一下吧。"我又说:"你别试一下,你要试一下,你就趁早别做,我马上通知第二家,人家不用试的,去了就能出量的。"

(注:摊派,是指任务分摊后指定派发给具体的执行者们。)

关键就是在访谈过程中要做到每一个细节都不放过。

结构化提问的案例分析

案例 1

通过与客户的陌生拜访,了解客户的业务现状与行业状况,识别客户需求与特征。

方式	问题清单	目的
方式 1	询问客户的业务使用场景、业务规模	了解客户做什么的
方式 2	询问客户业务使用具体实现的现状与解决方案	了解客户业务和公司的产品之间可能的关系
方式 3	询问客户的行业属性与行业地位，现在首要的事情是什么	了解客户的运营规划与当前状态
方式 4	询问社会趋势、国家政策、行业生态圈等	了解用户格局多大
方式 5	询问客户决策者的相关经历	了解客户决策者的风格特征与行事特点，与客户处于同一频道交流、相处

这个表中的标题写着问题清单，但是这个很明显并不是清单，还停留在方法的阶段。遇到这种情况，如业务专家说"询问""了解用户需求"等，这类问题都必须要问客户具体的话术。可以使用的话术是："那具体的问题应该怎么问？""那具体问什么问题？"如果业务专家还是无法说出来，可以采用情境代入的方法。比如，"那我现在就是这个客户，你现在来拜访我，你来做一遍，你开始会怎么说？"然后引导业务专家一步一步把话术都说出来。

如果没有真正的问题清单，我们来看一下这里的一些词，"社会趋势""国家政策""行业生态圈",如果让一个不太熟练的人去问,你能问出什么问题?其他的一些描述方法都有这个问题,因此必须要有真正的问题清单。

案例 2

通过方案经理的技术交流与客户体验,引导客户对电信的合作认可。

方式	引导步骤	目的
方式 1	方案经理与客户技术部交流技术细节	了解客户业务的技术方案和面临问题,如传输、平台、软件开发、能耗等
方式 2	邀请客户到电信展厅参观	展现公司全方位的综合实力与能力
方式 3	方案中心主任与客户深入沟通	交流客户存在的痛点、未来面临的挑战,以及如何解决
方式 4	让客户了解物联网卡的实际应用	物联网卡解决实际的应用问题,助力客户商业化落地
方式 5	给客户开通物联网测试卡	体验营销,迈出合作第一步

这是工作坊现场萃取出来的方法,如果让你去做,你觉得可以吗?如果不可以,你觉得应该如何继续挖掘呢?可以问哪些问题?

针对"方案经理与客户技术部交流技术细节"可以问哪些问题？

你会找客户技术部的谁来交流？

主要交流哪些问题？

以什么形式交流？

在这里，有些可能说出来也是很普通的形式和方法，但是我们不知道这些业务专家在哪些方面有诀窍，所以每个步骤和动作都需要问清楚。

针对"邀请客户到电信展厅参观"还需要怎么挖掘？

邀请客户的什么职位来参观？邀请多少人？

如果你来做这件事，邀请到参观是一个什么流程？

这件事情在内部是如何组织的？

针对"方案中心主任与客户如何沟通？"还需要怎么挖掘？

客户是指什么职位的人？

充分分析优劣，呈现产品价值

方法： ※ 了解自身产品（价值、功能、卖点、适用人群）
　　　　※ 将对产品的认知包装成客户化的语言
　　　　※ 将客户需求与我们产品能力适配

这样做之所以有效是由于：对于产品优劣势充分分析，可以有效规避劣势的呈现，提供客户真正需要的东西。

区别	专家	新手
	内部政策把控力强	把控力弱，可能造成承诺无法落地片
	熟悉产品对客户的影响	面了解产品，造成介绍不清楚

诀窍： ※ 知己知彼，熟悉自己和对手的产品。
　　　　※ 心里有数，熟知公司政策、内部文件、业务发展形势、灵活运用。
　　　　※ 说客户听得懂的话，建立需求和产品的联系。
　　　　※ 突出产品价值，立体呈现。

沟通的主要任务是什么？

大概安排在什么时间或者什么其他需要注意的地方？

针对"让客户了解电信物联网卡的实际应用"，还需要怎么挖掘？

如何做？

有相关的文档吗？或者素材是什么？

谁来做？

针对"给客户开通物联网测试卡"还需要怎么挖掘？

测试多长时间？

测试多大范围？

测试期间如何进一步推进营销？

案例 3

我们先来看一下这页 PPT 中的方法，这里面的一些词都是大家常说的，如"了解""包装""适配""分析""呈现"等，这些词看起来都很简单，但是到了具体做法千差万别，而真正的经验或者诀窍可能就隐藏在这些不同的做法当中。当我们在访谈中或者在案例中遇到这样的词语，一定要不断地深入追问下去，直到获取具体的动作与语言。我们具体来看这里的三句话：

第一句，了解自身产品（价值、功能、卖点、适用人群）。类似这样的知识类的内容，一般来讲都是有具体的文档的，那就要求业务专家提供文档或者工具。从绩效改进的原理来讲，我们要尽量从第一层信息反馈和第二层流程、工具来解决问题，不能一说到不会就是培训，要尽量多提供工具，具体的问题可以这样说，如"那你是如何学习的？""有具体的文档吗？这些文档可以提供一下吗？"也有一种可能是没有具体的文档，业务专家可能会说我是长期积累的，也没什么文档，那可以通过分类和举例的方法总结出文档。比如，可以这样问"能就这几个关键字给我举几个例子吗？"，或者"那可以将这几个关键字再分分类吗？都有哪些情况？"。这句话其实还体现了四个关键字之间的适配，因此在这儿还需要问这些问题，"那这些价值、功能、卖点与适用人群的关系是什么？""那适用的人群又可以如何分类"等。最终展现出来的可能就是一张二维表，看起来一目了然。

第二句，将对产品的认知包装成客户化的语言。这句话放在哪里都是对的，如果从理论上来讲的话，这句话都可以写成一本书了，但是对于基层关没有太大的价值。我们经验萃取的目标是迅速改变绩效现状，将场景与具体方法相匹配，并不需要一个原理性的知识，因此在这里我们需要的是话术。可以这样问："那都有哪些具体的话术？""都有哪些具体的场景与话术呢？"而不要去问另一个问题，比如说"那你是如何包装的呢？"，这个问题不是一两句话能够说清楚的，对于业务专家来讲可能也说不清楚。

第三句，将客户的需求与我们的产品能力适配。这句话其实就是分析与决策，分析客户的需求。分析这个事情简单地说就是分类，将客户的各种需求进行分类，然后将各个分类匹配上我们的产品能力。对于业务专家来说，这些可能已经形成了一些定式思维，看到一种情况，就会条件反射般将产品能力与之匹配，我们要做的就是将这些隐性经验显性化。我们可以这样访谈："那客户都会有哪些需求呢？""能举一些例子来说明一下吗？""你说的这些需求，应该匹配哪些产品能力呢？"

接下来我们来看一下这页PPT中的诀窍，这些诀窍对你有帮助吗？是不是觉得说得都很对，但是如果我不会，那我还是不知道如何下手。现在如果是你面对着这样一个业务专家，给你说了这四条诀窍，你应该如何进一步地去挖掘其中的细节？

比如，第一条：知己知彼，熟悉自己和对手的产品。有很多业务专家在说到这一点时，都会说这个没有办法，只有多看、多学习、多实践，时间长了自然就会了。如果是这样的话就不需要经验萃取了，既然业务专家是按照这个实践的，那他就一定是有这方面的知识的，我们只需要将他的知识萃取出来就可以了。在这里我们要注意不要陷入一个误区，总想着资料文档要大而全，要完备，其实业务专家可以依靠他现有的知识开展业务，那其他人应该也可以，我们可以经过更多的实践后，不断进行迭代。因此，在这里你必须要问"那都要熟悉哪些产品？""那你了解的对手的产品都有哪些？"等。

第二条：心里有数，熟知公司政策、内部文件、业务发展形势，灵活运用。这一条的内容有一点点难度，因为这种情况有可能会涉及一些灰色区域，就是我们常说的"打擦边球"，那如果在访谈中遇到这种情况应该怎么提问呢？因为就上面这句话其实说了也等于没说。我的建议是从简单的提问开始，如"那都有哪些文件需要学习？"。先请业务专家给出一个目录或者清单，这也是一个方法。但是有可能在这儿是没有清单的，他也可能是长期积累的，你让他现在说一个清单也不太现实，这时可以这样问："你觉得在这件事情上，哪些方面的政策或者文件是必须要了解的？"可以请业务专家给出一些建议，然后再请公司的相关人员找出这样的资料请专家确认就可以了。

最难的就是后面的那个灵活运用，在这里其实没有更好的办法，最简单有效的方法就是"那关于灵活运用能帮我们举几个例子吗？"然后作为萃取专家你可以从这些案例中找到一些方法，再进行扩展，尽量多讲一些灵活运用的案例。业务专家在说出灵活运用的方法以后，有两个问题是必须要问的，一个是"那这个方法在什么时候用会比较有效？"，也就是具体的业务场景；另一个是"那在用这个方法时有什么需要注意的地方吗？"，这里的注意事项可能是内部的，也可能是外部的。不过在这个环节，也不要太强求，因为可能会涉及一些不可为外人道的操作情况，那就没必要深究了。

第三条：说客户听得懂的话，建立需求和产品的联系。这两条都涉及与客户的沟通，那必须要问的一个问题就是"那具体应该怎么说？"（或者"那话术呢？"），必须要问到话术的层面。在这个环节遇到的最大困难来自："这个情况就太多了，我一下子也说不上来。"我们说，任何情况都可以分类，如果进行一次分类不能解决，那就再进行一次，直到把情况分清楚。有可能一个业务专家说得不够全面,那可以请他就他了解的情况进行分类。比如,"那都有哪些情况,可以举几个例子",或者"那你都碰到过哪些情况?",都是可以的。

第四条:突出价值,立体呈现。这句话真的只说了一个概念,没有任何实际价值。但是在访谈的开始阶段经常会碰到类似的回答,如"领导重视""加强考核""有效执行"等。遇到这类情况,只要从两个方向去问就可以了,一个是"如何做的?"或者"如何说的?",关注具体的动作与话术;另一个是"那什么叫立体呈现",就是请业务专家将他说的概念进行阐释,将标准说清楚。

第四章 促动行为发生改变

我们的目标是通过行为改变来提升绩效,当找到关键行为以后,这些行为哪怕再简单、再有效,也会因为个体的认知差异导致改变没有发生,你必须建立一套完整的驱动系统给员工提供动力,用外力来促动他的行为发生改变。

一、制订关键举措

陈浩是我的一个朋友,负责通信运营商的装维服务(就是用户申请的宽带服务)。他的部门负责上门安装。现在他接到了一个新的任务,公司要求他不仅要负责安装服务,还要承担智能组网产品的销售。这个产品的主要功能是解决宽带无线 Wi-Fi 速率慢、覆盖不足的问题。

大部分装维人员是没有销售能力的,如果要从头开始培训,让这些装维人员具备门店的销售能力,时间上不太可能,公司的要求是一个月内就要见到明显成效。

接到任务后，陈浩没有把销售指标简单地分解下去，而是先在内部了解了一下。其实这个产品门店一直在销售，也有个别的装维人员与门店合作，帮助门店在销售。由于装维人员在这方面的专业性以及服务给用户带来的信任感，销售的难度并不大，难的是如何让这些装维人员的行为模式发生改变，开口向用户推荐智能组网的产品。

既然有人在销售，陈浩就找了两位销售业绩比较好的装维人员做了一次访谈：

❶

第一位优秀的装维人员，叫赵文龙，自己还开了一家门店，他的一位客户吴先生，不到40岁，比较时尚，客户原来家在紫琅路的时候，报修固定电话，小赵的服务较好，便加了客户微信。

去年客户厂区拆迁，打电话找小赵咨询内部布线，客户当时的要求是："要做得好看，无线的信号要稳定，把线路平均分配到各个办公室就可以了。"小赵给客户安装了4个吸顶式的Wi-Fi设备，各个区域信号都非常好，客户相当满意。

前段时间，小赵发现这个客户有一个新装宽带的安装单，正好在他的包区，就给客户打电话预约时间："你装宽带怎么没找我？"客户回答："客服打电话来，说是送的宽带。""好的，那我来帮你装一下。"

预约好时间，小赵就准备出门，在刚才的电话沟通中了解到用户是新房子，而且在前期与客户的接触中对客户有所了解，小赵特地又检查了一下，工具包里的AP面板等家庭智能组网的设备有没有带，他平时包里是随时备了一套的,方便拿给客户看。

到了用户家里,观察了一下,新房子装修很好,很时尚。

先完成装维工单上的工作,给客户装宽带。在装机过程中发现客户的路由器比较旧,"你这个路由器好像时间比较长了?"。客户没有直接回答,而是问了小赵一个问题:"能不能换成我单位那种的?"(之前,小赵给他的厂区安装的是吸顶式的 Wi-Fi 设备,美观而且信号好,给客户留下了比较深刻的印象。客户只是想换成单位那种使用模式,统一无线网络名称、统一的密码,不互相干扰)

小赵回答:"你单位是吸顶的,你家里应该装这种面板式的(随手拿出来面板给客户看),你可以换这种面板的,这种效果就和你厂里的那种使用模式是一样的。"

由于前期积累了较强的信任,客户直接说道:"好的,多少钱?"

小赵:"只要 800 元,你家里有三个路由器,客厅一个、房间一个、书房一个,我们 800 元是两个,你家要装 3 个。"

客户:"那 3 个是多少钱?"

小赵:"我们 800 元是两个,多加一个加 200。"

客户:"好的。"

小赵:"你搞那么多路由器,也不太美观,三个路由器三个 IP 地址,使用也不方便。"

客户:"那就装这个吧!"

❷

第二个装维人员叫孙捷。

这个客户住在中南世纪花城，新城区的一个中高档小区，客户是移机，孙师傅上门去给客户移机，装机完成，帮助用户调测自备路由器。

调测时孙师傅说："你这个路由器无线信号达不到全覆盖啊……"

客户还没有等孙师傅说完，直接反驳道："不可能，我这个是穿墙王，信号肯定没问题的。"

孙师傅没有与客户争论，说道："嗯，是穿墙王啊，那应该可以的，待会儿装好以后我帮你测试一下吧。"

装好路由器，帮客户做了测试，结果客厅信号很好，房间信号不稳定，基本上不了网。这时孙师傅拿出宣传单（800礼包）和一个AP面板给客户看："装这个信号好，而且可以保证美观，你用路由器占地方，这个信息点多，而且即插即用，特别方便。"

"而且现在这个是智能家庭组网，你家的这种情况比较符合家庭组网的条件。"孙师傅一边说，一边拿单页给客户解释。

客户："你们这个太贵了！"

孙师傅："我们这个总共是四样东西，一个天翼网关、两个AP面板和一个智能交换机，还有调测费和以后的售后服务费，另外你买的品牌是央企的品牌，你网上买的是没有安装和售后服务的。"

客户："你这个价格能不能优惠点？"

孙师傅："这个是公司定的价，你想优惠，后期服务就没法保证了，而且你这个要先到营业厅去受理，我也不收你钱，你把机主身份证带上到营业厅去受理，我帮你先装。"

手机里有 AP 面板装好后的效果图，给用户的老婆看："花城用的效果都挺好，现在根据花城的房子结构，用这个最合适，因为花城房子比较好，都是钢筋混凝土结构，原来都是六层的房子，现在都是 30 层的房子。我们为什么要发展家庭组网，都是为了你们用户着想，我们都是围着客户转。"

用户老公带着身份证去营业厅办理，装维人员在客户家做准备工作，把面板都拆下来换了（换的设备是预领的，随身携带）。

这两个案例中，装维人员的行为很多，确实具备了较强的销售能力，陈浩希望每一名销售人员都能像他俩这样，那公司给的销售目标就不成问题了，但这是不现实的。

第一步是必须要找出来哪些行为是能够对成交带来明确影响的。可能很多人会说，这里面的每个行为，如测试现有信号、带上相关的设备、处理客户的价格异议等都很重要，对成交都会有影响。通过分析我们认为以下行为都会对成交率造成较为明显的影响：

* 能够主动开口向客户介绍产品；
* 对客户目前的 Wi-Fi 状况进行现场测试；
* 向客户讲清楚产品的功能与报价；
* 学会用案例展现的方法打消客户的疑虑；
* 向客户展示产品实物及安装后的实景图；

*处理客户提出的价格异议;

*当客户有问题时的快速处理方法。

那我们来看第二个问题:哪个行为是目前最难以达到的或者影响最为显著的?对于大多数销售人员来讲,可能会说就是客户的异议处理,能把异议处理好,客户成交基本上不成问题。但是陈浩清楚,对于装维员来讲,最难的是第一步,如何开口说,大部分装维员对自己的定位是服务人员,不愿意去干营销,有心理障碍,这才是问题的关键所在。对于装维人员来讲,只要开口总有成交的机会。

那如何开口?案例中没有明确说明,但是孙师傅的行为给出了答案,就是给客户现有的路由器做测试,这就是陈浩确定的关键行为。这是基于这个案例所确定的第一个关键行为,因为这个不突破,后面的行为都是没有意义的。

现在大部分用户家里都是有路由器的,很多人认为路由器是不需要更换的,除非坏了。事实是随着宽带速率的提高,路由器已经成为家庭宽带速率的主要瓶颈。大部分的装维人员在服务做完后就直接离开了,没有抓住营销的机会,但是像孙师傅、小赵这样有营销意识的装维人员会通过给客户测试,找到了营销的机会点。

这个行为的好处还在于,当装维人员将测试结果告知用户后,用户会主动询问解决方案,这样就解决了装维人员不愿主动开口营销的问题。那其他的行为就没有意义了吗?还是有意义的,我们需要将其他的行为工具化,减少装维人员初期的开口压力,从而降低改变的难度。

1. 降低改变的难度

你给自己定了一个目标，要在一个月内将体重从180斤减到150斤，是不是很难？看着这个目标可能就放弃了。现在我们把难度降低，用半年的时间减30斤，看着是不是有点信心了？这个目标意味着您可能只需要做出一点点的改变，一方面每餐少吃一点，稍微改变一下饮食的结构，还可以偶尔和朋友出去放纵一下；另一方面把开车十分钟的上班时间改为步行30分钟、下班再步行30分钟，都不需要专门花时间去运动，这样一个行为改变你觉得可行吗？我就是这样做的。降低改变的难度对于关键行为至关重要。

在装维人员的案例中，陈浩并没有要求装维人员改变所有的行为，只是要求在服务结束后，做一个测试的工作，这个行为本身也可以看作是服务的一部分，没有任何心理障碍，改变起来相对是容易的。我们前面讲过一个客服人员做营销的改变，他们的行为改变也很小，就是念一下跟这个客户有关的营销提示就可以了。

减少资源的投入是一个降低难度的有效方法，这里的资源是你需要投入的东西，如时间、金钱、关注度等。比如，在这个案例中只要求装维员做一个测试的工作，对于他原有的工作来讲并没有增加太多的工作量；对于客服人员来讲，念一段针对性的产品推荐也没有增加太多电话平均接通时长，即使没有成交，也不会对原来的KPI考核目标有明显的影响，无论从心理还是实际行为来讲，都不会带来更多的障碍。我们要避免的是提出一串改变的要求，不分阶段地一次性提出要求，这对于员工来讲可能无所适从，也可能觉得目标不可企及，或者在尝试过程中遇到明显的障碍，很容易回到原来的习惯，放弃改变。你可以想一想，你在这几年中，有没有想过去健身，可能还请了私教，给自己制订了一个完美的计划，然后坚持了一周、两周后就再也不想接教练的电话了。

降低难度还可以带来另外一个显著的效果，就是打造早期的成功。打造早期成功就是打造希望，希望是改变进程中的珍宝，也是动力。一旦踏上改变之路，并不断前行，让员工看见自己取得的进步就显得至关重要。当你每天站在体重秤上看到一天天缓慢下降的数字，这就是提醒自己改变最大的动力。

打造早期成功的难点在于，有些结果是很容易测量的，比如，你往体重秤上一站就知道了，但是有些是很难测量的，比如"更好地与客户交流"。没有现成的"体重秤"，作为管理者，就必须制订衡量标准，比如"问了用户五个问题""了解到客户的关键决策人""问到了用户的项目预算"。这些虽然不可以量化，但一定是可以作为一个阶段标准的，这些就是你跑马拉松的里程碑，有了这些里程碑，就能让员工看到终点的希望。在这个案例中，我们最终的目标一定是成交了多少客户，但是在这个目标之前，我们是不是可以订一些小目标，如"成功进行了测试""向客户展示了产品""与客户达成了成交意向""客户购买""成交率达到平均水平"等。我们要做的就是在改变的进程中推动团队设立"小而看得见的目标"，这些小目标不仅有利于给改变提供持续动力，也能够帮助员工发现和克服改变进程中的障碍，如果员工在某一个阶段停留了过长的时间，一定是出现了问题，这时就可以有针对性地进行一些指导。你选定的小目标应当具备两个特点，一是它们具有意义，二是它们"触手可及"，如果两者无法兼得，那就优先选择后者。

2. 具体而明确的指导

关键行为是撬动绩效改变的支点，但是绝不意味着你只需要做这一个行为，因为这个行为有可能会引发一系列新的变化，这些变化可能是普通员工在原来的工作中没有遇到过的，我们必须对这些情况有所准备，不然每个新变化都会成为员工行为改变路上的拦路虎。作为管理者你需要将关键行为做出更为具体的指导，有了这些指导才能带来更持续的改变。

在这一次的减肥行动中，我是做了充分准备的，主要的行动就是两点，一是走路上班，这对我来讲是一个很小的变化，我特地请教练给我纠正原来错误的姿势，配备了手环测试心率，保证走路的效果。这次还增加了控制饮食的行为，每日三餐都给自己制订了明确的目标，当然如果偶尔与朋友小聚也订了标准，如果没有这些具体的指导，成功的可能性要小得多。

从关键行为本身来讲，必须要讲清楚与这个行为有关的要素。还是以这个案例来讲，确定的关键行为是"帮助用户进行室内 Wi-Fi 覆盖检测"，就这个行为来讲，应该包括以下这些要素：

切入时机：在什么时间点切入开展这项工作？

具体话术：如何推荐用户进行检测？

困难解决：客户拒绝的应对话术。

使用工具：你准备使用什么工具进行检测。

这些要素组合起来就是一个完整的关键行为。每一个关键行为的要素是不同的，要根据这个行为本身来分析，或者需要在萃取的过程中与业务专家进行了解与确认。

这个行为的发生会带来一系列的变化，最主要的就是客户接受检测以后，会出现两种结果，针对这两结果应该如何向客户反馈。在结果反馈后如何推荐产品，如果客户接受怎么说，客户不接受怎么说等。很多管理者最怕做的就是这样一项工作，看起来很乱，其实可以用一个特别简单的方法解决，就是分类。明确与具体就体现在分类的完整性上，如果我们能将这个行为所带来的变化都找到，每一种变化应该如何处理说清楚，这就是明确而具体。组织经验萃取的一个功能就是经验的传承，我们不需要让每一名员工在面对这些情况时，都去犯一遍错误再成长起来，我们要的是你只需要在这些情况下，根据我们的标准操作方法处理就可以了，你就可以达到一个中等水平，那就够了。这些指导都是行为工程模型中第一层级的行为，就是对工作的具体指导。

资源与工具是需要考虑的另一个重要组织行为，也是行为工程模型中第二层级的行为。工具化有一个很重要的方向就是免除记忆，任何事情靠记永远都不是特别可靠。免除记忆有很多种方法，如技术控制，我们原来发邮件都是先填写主题、内容，最后再粘贴附件，是不是偶尔会忘记粘附件？后来公司加了一个小技术，当检测到内容中有"附件"两个字，而你的邮件中又没有附件时，会提醒你是不是忘记了或者是否更改流程（如上来第一步就是附件，最后一步才是主题，很少有人会忘记不写主题就发邮件的吧），这些都是重要的方法。在这个案例中，也会涉及一些工具化的做法，在销售中比较常用的就是图像化、视频化，将一个成功案例变成其他人员的销售辅助工具。比如，将产品推荐做成一张产品介绍图，所有的产品功能、优势及价格都进行了有效的展示，将其他客户家里的安装效果拍摄了实景视频，让客户有直观感受，装维员就不需要对产品功能做过多的讲解，用户看了也一目了然。

在完成这个行为的过程中可能会增加一些新的资源，作为绩优员工来讲，这些资源可能自己就解决了，因为绩优员工愿意做这件事情，本身有动力，这些动力可能源自于内在，也有可能源自外在的激励，只要有动力，都会促使他自己投入一些资源来确保这个行为改变。在这个案例中，初期公司并没有配备相应的设备资源给装维人员随身携带，两位装维人员都是自己先购买设备，客户有需求时就会随时给客户展示产品实物，这个动作对成交也是有很大促进作用的。那在关键行为指导时，就必须要想办法从公司流程方面进行调整，从组织层面给全体的装维人员配备随身携带的设备，因为其他员工是不会有这样的主动意识的，因为这个改变并不是他要做的，而是组织要求的。

二、持续提供动力

任何重要的行为改变都不可能一路稳定而顺利地朝向终点,绝不是光靠一个接一个的小目标就能成功的,更多时候,你往前踏 1 步,后退了 1.5 步,再往前走了 2 步,又往旁边拐了 5 步,这时领导又指派了新的任务,指向了另外一个终点。更有甚者,小目标也不能确保一定会实现,太多事情不在我们的掌控之内,任何一个小意外都有可能让你的计划夭折。

1. 激动人心的目标

在大多数发生改变的情形里,我们还需要给员工一个引人注目的终点,一个既能打动他也能吸引他的目标。然而大多数组织提出的目标缺乏情感共鸣,如"SMART"目标——明确(Specific)、可衡量(Measurable)、可操作(Actionable)、相关的(Relevant)和及时(Timely)。比如,"我们要在 6 个月内完成 1000 户智能组网的销售",然后再将这些目标分配到班组、个人。无论是你的终点,还是你的那些小目标,都能给你的改变提供持续的动力,对于这些目标来说,除了要明确以外,还需要有一个明确的评价标准:我做到什么程度算是达到了这个小目标,或者我到达了终点,如何测量。

我们曾经遇到过一个特别大的困难,就是如何评价客服人员的邀约成功率。客户在电话中对于邀约的回复都特别简单——"好的"或者

"我有空过来",这些与客户实际到来之间没有什么关联,我们也一直没有发现客服的哪些行为与客户的实际到来有重要关联,所以这项工作的开展很长时间就是靠天吃饭。直到我们持续跟踪了一个单项邀约的项目,从数据获得、外呼邀约的过程到客户实际到来,发现有部分员工的邀约到达率比别人高出85%,才找到这项工作的一个关键行为指标是"能否与客户预约到相对具体的时间"。如果你的目标仅仅是要求你的邀约成功率达到50%,而没有找到这个与行为关联的指标,那这个成功率是没有办法评价的,这样的目标就是无效的。

在这个装维营销的案例中,你可能给员工制订需要完成50单的销售目标,阶段性的目标就是前面讲的那些小目标。50单的成交是可以测量出来的,那些行为目标如何测量呢?对于这些无法测量的行为目标,可以通过填表反馈,然后持续跟进;以面对面谈话的方式来进行测量。

有一家销售智能家居的企业,想提高零售部门的销售业绩。在企业内部也确实有一些销售人员绩效很高,个人业绩可以达到平均值的3~4倍,有个别销售人员的个人销售业绩能占到整个门店的50%,而这个门店一共有8个人。在这样一个背景下,我们对一些绩优的员工进行了访谈,得到了一些结果:

* 观察客户的外表初步判断客户的消费能力;

* 你得对产品性能有清晰的了解,能将各种产品的性能通俗地讲给客户听;

* 你得对客户有充分的了解，了解客户的需求；

* 能够有效应对客户的各种疑问，解决客户的问题；

* 通过交流判断出客户的购买意向。

这些做法包含了具体的行为与话术，现在我们的任务是让那些绩效一般的员工也能够做到这些。

在分析关键行为后，我们制订的关键举措是"在与客户沟通中，向客户提出有效的问题"。这个行为过程是没有办法测量的。我们的做法是给销售人员填写一张表，针对他接待的每一位客户，都需要填写与这个客户交流的信息。用这样一个方法来观察他了解的信息内容有没有提高。然后每天店长都会与每一位销售人员对他填写的客户情况进行沟通，就这样一个方法，只用了一个月的时间，就让全体销售人员的销售成功率提高了35%。

一个符合SMART原则的目标固然重要，但是它不能打动员工，没有情感因素。想要让目标打动员工，走进员工心里，要给员工展现辛苦换来的未来图景、风雨过后的七色彩虹，鼓舞人心的效果才能达到。当每一位淘宝员工看到"双11"的销售数据展示时是不是一个激动人心的时刻？会不会觉得为了这样一个时刻，所有的付出都是值得的？

每一个具体的目标都可以找到令人激动的时刻。我们要做的就是将那些枯燥的KPI数字转化为具有情感因素的口号和目标。比如，改革开放初期提出的"两个一百年"的目标就是引领我们不断前进的灯塔、肯尼迪总统提出的"我们要在十年内登上月球"给NASA带来了巨大的动力，这些目标都足以打动人心。如果你下决心健身，那么可在你的客厅与卧室里贴满游泳运动员的照片，当你遇到困难时，它会时刻激励你。

我看到过某区域经销商就写过"我们要在2019年登顶""我们要在3个月内翻盘""我们要成为这个行业的No.1"等。当然长期目标需要和短期的关键举措结合起来，你的愿景固然动人，要是无法付诸大量实际行动，只会沦为空谈。还需要为这个目标制订具体的行动计划，即在每个阶段需要关注的重点目标是什么，但是一定不要忘记你的终点在哪里。

我们无法预测从今天走到终点的整个旅程，但须规划好每一步路。改变开始后，不要执迷于中间的旅途，因为现实往往和预想是有差别的。真正重要的是一个有力的开始、一个有力的结尾，然后赶快上路。

2. 针对关键行为的激励

一个激动人心的目标能起到激励的作用，这些激励来自内驱力，从心理层面来讲，内驱力更为有效也更为持久。在大多数情况下，一个人的内驱力是会呈现逐渐下降的趋势的，当我们给自己订下一个目标时，下定决心，排除万难，准备走上一条艰难的改变之路时，对未来还是准备不足的，每次遇到一个障碍，都会导致内驱力的下降，半途而废的事情也是经常发生的。

外部的激励，特别是物质激励在组织行为中是必不可少的。现在绝大部分的管理者都明白激励的重要性，也从有限的成本中给出了足够的物质激励，有时甚至还挺高的，可惜的是，这些激励并没有带来满意的结果。

一个好的绩效结果并不是从天上掉下来的，是建立在个体绩效基础上的。我们大多数管理者对于员工在绩效上的管理办法就是给你一个目标，配足激励，然后你自己去干吧，缺少了对过程和行为的指导，这对于整体绩效提升是没有帮助的。现在我们知道可以通过改变员工行为来提升员工个人绩效，那我们激励的对象就不是结果，因为以往的经验已经证明仅仅对结果进行激励并没有达到我们的预期，更重要的激励对象应该是关键行为。

这些激励可以是积分也可以是直接的金钱激励，如果一个关键行为中所涉及的因素较多，就可以采用积分制，如果确实是一个单一行为，就可以采用直接的金钱激励。

我的一个好朋友就是用这样的方法来督促她的小孩减肥的，原来制订的目标是减50斤，完成就带孩子去看他喜欢的欧洲杯。这是一个多么激励人心的目标，但是没有用。后来将目标改成了飞机的里程，每天出去跑一次步，跑一公里换算成航程10公里，用了一年多的时间换算了12000公里，最终全家人开开心心地去旅游了半个月，也完成了看欧洲杯的梦想。

我们在华为专卖店的销售试点采用的就是直接的金钱激励。就是要求销售人员针对每一位进店的客户，在手机销售结束后，进行一次现有运营商产品的套餐分析，只要销售人员将这个分析的截图发在微信群内，不论这个客户最终是否成交，都可以得到一个"5元"的红包激励，以此来给销售人员的行为改变提供一个持续的动力。

针对关键行为的激励只会发生在行为改变的初期，不需要长期设置这样的激励。任何一次行为改变的项目，在初期都只会有少部分人主动参与，大部分人可能会观望，还有些人会抵触。有些行为从开始改变到绩效提升会有一个过程，那这时我们就必须要对这个行为的改变提供激励，这是对主动参与者的奖励，也是希望通过他们的改变看到绩效的改变，以带动大部分观望的人加入改变的行动。还有另外一种场景是这个行为本身比较简单，而且这种改变对绩效的影响立竿见影，那就不需要针对关键行为单独激励，直接体现在结果上就可以了。

针对关键行为的激励并不能代替对结果的激励，其只是在行为改变初期的一个有效补充。对结果的激励依然是最为重要的，行为改变的最终目标是有结果产出，就是绩效的提升。

3. 持续的反馈

行为的改变有时候并不能立即带来绩效结果的改变，这需要一个过程。在这个过程中，对于行为或者小目标的反馈是能够走到终点的保障。你可以想象一下，如果你要减肥30斤，但是没有一台秤给你，会出现一个什么样的结果，是不是早早地就放弃了？在行为改变的过程中也是一样的，每一个动作、每一个行为、每一个小目标的达成，都需要组织管理者给出明确的反馈。

反馈形式有很多种，我们不要把反馈这件事情想得太复杂，如果这个行为是流程中的一部分，有系统记录，那反馈就是很清晰的，直接调取系统记录就可以了。这就带来了一个负面的效果，一说到反馈就是要有一个系统，这样没有争议。这句话不错，在现实中不可行，普遍情况是，针对一次行为的改变用得最多的是观察与谈话，就是你得花时间去看你的员工有没有按照你的要求来做，如果没有时间，可以让他填写一些反馈表，再依据这些反馈表与他进行一些深入交流，提供进一步的指导意见。

行为的反馈与绩效反馈是不一样的，这里的反馈主要有两种：

第一，能够按照标准执行的行为，要在公开场合提出表扬，如在班组会上、在线上的各种群内。在表扬的过程中最重要的是要说"好"，更为重要的是要说"为什么好"，这才是通过表扬塑造员工行为的有效方法。

在智能家居店的案例中，销售人员每天都会填写与每位客户接触的记录，这些记录中一定会不断出现创新的做法。我记得有一个特别典型的案例，销售员小林接待了一位咨询智能音箱无法连接的用户，其实问题很简单，就是通过一些操作指令对音箱进行了系统重启。在这个过程中，小林通过与客户沟通发现，这个客户仅仅将智能音箱当作互联网音箱来使用，并不知道可以控制家庭的智能家居设备，给生活带来便利。然后给客户展示了一些简单的智能家居产品，当天就成交了两个智能插座和一个智能台灯,在一年内这个客户在小林手上购买了超过 20 件各类智能家居产品。作为店长,在班组会上就应该对小林的行为提出表扬,比如:"小林作为新人,到店还不到一周,就能主动成交,这个结果很好。在今天的销售中对客户的服务很好,主动帮助客户解决问题,更为重要的是能够按照我们的要求,通过提问了解到客户家里的智能设备的使用情况,为销售找到了机会点。"

第二,没有能够按照要求做出行为改变的员工,合适的方式是个别交流,当然如果是在项目初期,大家的行为改变都存在问题时,也可以公开交流。作为管理者,要避免提出批评,而是要进行指导,要针对目前所进行的行为中的不足提出具体的改进意见。当然还有一种比较有效的方法就是互相点评,这对于员工发现自己的问题会有比较大的帮助。在指导明确的前提下,你还需要获得员工的承诺,他明天或者下一次会做出哪些改变,与他达成一致。

我在减肥期间患上了强迫症,时不时地会称一下体重,这是一种自我反馈的表现。在工作中,管理者对员工的行为反馈并不是越频繁越好,而是要有一个合适的频率。这个频率并没有一个统一的标准,我们可以针对这个行为与员工展开协商,看多长时间反馈一次好,当然如果发现效果不好,可以加大频率,如果行为固化比较理想,那就可以减少反馈的频率,这是可以根据行为变化的进程变化的。

反馈、目标、指导是一个问题的多个方面,共同点是要有一个清晰的标准,做到还是没有做到、做到什么程度是好的、做到什么程度是不足的，还有哪些改进的空间，这些都是一以贯之的，不能随意改变，更不能多个标准。

第五章 关键行为萃取的常见应用

萃取技术作为一门学习技术，已经越来越多被企业接受和应用。本书提到的关键行为萃取，是进一步"划重点"，帮助管理者找到"症结"，从组织力量上真正应用起来才可以发挥"疗效"。那么如何来应用呢？常见应用场景可根据二维矩阵划分为线上/线下、工作/学习。

一、场景一：线下+学习

通常培训管理员最头疼的是如何评估学习效果，因此为了关键行为更好地被衡量，需要匹配对应的绩效标准，即达成什么结果视为完成。需要注意的是并不是所有关键行为都可以被培训或值得培训，因此可以通过 FID 评分规则，就每项关键行为的频繁度、重要性、难度进行 1~5 级评分，程度依次递增。例如，频繁度：1=极不频繁；2=不频繁；3=一般；4=较频繁；5=非常频繁。除此之外也可以将关键行为划分为必学、选学、Nice to know 三类，其中 Nice to know 指知晓一下更好，可以放在学员手册或案例手册的附录页。

当挑选出来评分最高的关键行为之后,从每项关键行为里找到相对应的 KSA,Knowledge(知识)、Skill(技能)、Attitude(态度),从而整合成课程目标、课程内容。

关键行为	绩效标准	FID 分析			KSA 分析		
		F——频繁度	I——重要性	D——难度	K——知识	S——技能	A——态度

二、场景二:线下 + 工作

"线下 + 工作"是业务人员较喜爱的应用,通常可以由管理层发起企业中需要解决的问题,通过本书介绍的方法找到关键行为后,梳理形成可快速下发、具有指导价值的岗位操作手册或工作支持手册,也可以称为 SOP 手册,包含的要素建议为关键行为的描述、解决方法、解决步骤、产出定义(如何判断完成)。

关键行为	方法	步骤	产出定义

三、场景三：线上+学习

面对大规模受训对象时采取的策略，转化为微课或以翻转课堂形式快速覆盖。如果企业内部有学习平台，可以将微课根据业务模块录制收集完成后在平台上线，推送给相关岗位人员学习。同时该部分应用可以结合企业内训师培养共同实施，因为关键行为的提供者和践行者以内部自有人员为主，而如何促使线上学习能够持久运营，也需要以内生力量为主。例如，根据业务模块确定学习表，提前邀请最佳实践者录制分享或使用现成的平台直播。

四、场景四：线上+工作

面对规模较大的人群，可采取岗位认证、工作绩效答疑的方式推进工作落地。例如，在场景一和二手册的基础上，将应知、应会内容转化为电子材料，编写考题组织考试，作为上岗的要求。或者在员工经常登录的工作系统内将经常遇到的问题编写为 Q&A，员工（尤其是技术操作类员工）遇到工作困难时可以通过关键词搜索。

无论是哪一种应用场景，始终记得以"解决问题"为出发点，找到能够撬动问题的支点，即关键行为。根据人群岗位、族群特点采用合适的推进方式，找到组织赢和个人赢的交集点。比如，互联网企业和传统制造业在萃取完关键行为后，推进的方式肯定不同。没有一招获胜的方法，只有不断修正迭代的过程，这未尝不是一种关键行为萃取的体验。